格言联璧

[清] 金缨 ◎ 著
莫铭 ◎ 编译

江苏凤凰科学技术出版社 · 南京

图书在版编目（CIP）数据

格言联璧 /（清）金缨著；莫铭编译 . — 南京：江苏凤凰科学技术出版社，2018.9（2022.5 重印）

ISBN 978-7-5537-8183-9

Ⅰ.①格… Ⅱ.①金… ②莫… Ⅲ.①格言 – 汇编 – 中国 – 古代②《格言联璧》– 译文 Ⅳ.① H136.3

中国版本图书馆 CIP 数据核字 (2017) 第 100056 号

格言联璧

著　　者　【清】金缨
编　　译　莫　铭
责任编辑　祝　萍
责任监制　方　晨

出版发行　江苏凤凰科学技术出版社
出版社地址　南京市湖南路 1 号 A 楼，邮编：210009
出版社网址　http://www.pspress.cn
印　　刷　文畅阁印刷有限公司

开　　本　718 mm × 1 000 mm　1/16
印　　张　15.5
插　　页　1
字　　数　278 000
版　　次　2018 年 9 月第 1 版
印　　次　2022 年 5 月第 3 次印刷

标准书号　ISBN 978-7-5537-8183-9
定　　价　39.80 元

前言

“蒙学”又称“蒙馆”，是中国封建时代对儿童进行启蒙教育的学校，教授的内容主要有识字、写字、伦理道德，所使用的教材一般为《蒙求》《千字文》《百家姓》《三字经》《四书》《仓颉篇》《千家诗》《幼学琼林》《格言联璧》《龙文鞭影》《弟子规》《女儿经》和《增广贤文》，等等。这些蒙学读物经过上百年乃至千余年的时间检验，有些已消亡，有些则流传至今，并深受人们喜爱。用今天的眼光来重新审视这些读物，虽然不乏封建落后的负面影响，但其大部分内容都体现出了积极向上的精神追求，以及劝人行善积德和笃志好学的人生智慧，值得后人去借鉴和吸取。为便于今天的读者了解这些蒙学读物，我们从中精选了一批代表作品加以翻译、评注。它们分别是《三字经》《百家姓》《千字文》《增广贤文》《幼学琼林》和《格言联璧》，这六本书也被合称为《蒙学六种》。

《格言联璧》是清代文学家金缨选录其所辑的《觉觉录》中浅近格言另刻的单行本，后人又称其为《格言合璧》。该书刊行之后，民间有异本流布，“惜坊本刊印草率，讹压滋多，附刻喧宾夺主，传本各异”。潮阳郭辅庭有感于此，选取最初校订的《格言联璧》，来“就正通人，复加雠勘，端楷书写，重付精刊”。

关于该书的作者金缨，后人却知之甚少，在多个版本的《格言联璧》中，很少有提到作者的具体情况的。但是，既然后人知道此书选自金缨所著的《觉觉录》，我们便可推知作者的大概情况。从《觉觉录》一书中得知，金缨是清朝道光、咸丰时人，字兰生，出生于浙江山阴一个书香人家。道光二十六年，金缨所编辑的《几希录续刻》刊行之后，他又博览先贤语录书籍，凡遇警世名言，随手抄录，久而久之，便积累了无数的格言警句，编成了《觉觉录》一书。从“觉觉”一词便知其含有警醒世人、觉悟觉醒之意，作者编书的用意可谓一目了然了。

《觉觉录》问世于咸丰年间。起初，大部分内容以手抄本流传为主。该书自正式问世后，便迅速传播至大江南北，风靡全国乃至日本、朝鲜等邻近国家，几乎长达百年之久。在此期间，有近百种版本流行于世，真可谓“地不分南北，人不分贫富”，当时几乎家家都有一本，以供后人诵读参习。该书对晚清人士的影响最为巨大，几乎成了晚清人士家庭学童人人必备、日日诵读的启蒙课本，浸润了无数人的心灵。著名的佛学大家弘一大师（李叔同），曾对《觉觉录》有如下一段评价：“须先读佛书儒书，详知善恶之区别及改过迁善之法。倘因佛儒诸书浩如烟海，无力遍读，而亦难于了解者，可以先读《觉觉录》一部。余自儿时即读此书，皈信佛法以后，亦常常翻阅，甚觉亲切而有味。”《格言联璧》这本启蒙读物，既然选自《觉觉录》，就可以说是精品中的精品，更何况后人又对书中的内容进行了精确的划分和评点，因此，它能够风靡一时也就不足为奇了。

《格言联璧》作为蒙学读物中的代表作，其自身的特点和内容对后世产生了深远的影响。

首先，内容层次分明。全书分为学问、存养、持躬、摄生、敦品、处事、接物、齐家、从政、惠吉等数十类，可以说是一座包罗万象的格言宝库。这些富赡充韧、雕镂璀璨的格言警世醒心，教诲启迪人们求真、向善、趋美，是古人心灵美的结晶。这些格言绝大多数都形成工稳的对偶句。骈偶句式，结构整齐，易诵易记，读来朗朗上口。语言准确朴实，含义明晰深沉，极少用典，可称为雅俗共赏的醒世恒言，令人玩索不尽。

其次，思想独具特色。该书不崇佛道玄虚，不谈林泉山水，不作浓情艳语，而是大力阐述、发扬经世致用和“内圣外王”之道，具有强烈的入世倾向。书中所选格言，字字精切实用，句句有益于人，常在寥寥数语中，蕴含着丰富的人生经验和广泛的社会内涵，堪称中国五千年文化和历代先哲智慧的结晶。许多人还将此书置于座右，朝夕参悟；或作为课子授业的经典，反复解说。其风靡程度和对人们思想的影响之深，是“四书五经”之外所罕见的。

最后，凝结多方智慧。全书以儒家修身、齐家、治国的次第为经，以对所收格言的诠释为纬，涵盖了人生从读书修身到立身处世、理家、治国、平天下的各个方面。无论什么人，无论遇到什么事，翻阅此书都将受到启迪和激励。

《格言联璧》曾被其跋者称为“本世事为学问”。意思是说，此书从社会生活的实践入手，从人情世故中探索正确适用的生存之道。这是本书的一大特色。它比较符合中国社会的具体实际，其实用性极强。

中华民族有着五千年的文明史，创造了光辉灿烂的文化，给人类留下了丰富的精神财富。为了弘扬中华民族的传统文化，将博大精深的中华古典文学珍品介绍给广大读者，尤其是青少年朋友们，我们特别精选整理了本套蒙学系列丛书。

本次编译的《格言联璧》在原文方面尽量保持原书语式整齐对偶的特点，且在译文中力求把格言的内容全面、准确、通俗地表达出来。由于编者能力毕竟有限，评注中不当或错误之处在所难免，如遇不妥之处敬请方家给予一定的谅解，并不吝赐教。

借此付梓出版之际，特向业已作古的训诫学家和传承中华古典文化精髓的译注者暨为本丛书指点迷津的出版社相关人士，谨致以最诚挚的谢意。

学问类

古今来许多世家，无非积德；
天地间第一人品，还是读书。

※ 译文

古往今来，许多世家的名声都是靠积德行善而取得的；天地间最高洁的品质无不是依靠读书获得的。

※ 评注

要想传家久远、家业世代兴旺，如果离了“读书积德”四个字是根本做不到的。古人有“万卷藏书宜子孙”的座右铭，今人有砸锅卖铁也要让孩子读书的感人事迹。无疑这样的人家大都为忠厚善良之辈。如果热衷于追求纷繁的权势财利，其家业反而像过眼的烟云飞花，顷刻间就消散了。因此，必须要培养高尚的道德，奠定孝敬和友爱的根基，多做好事，造就白璧无瑕的人品，才能继承祖先大业；而读书修业，传授圣贤经典，方可有所作为，为子孙造福。

读书即未成名，究竟人品高雅；
修德不期获报，自然梦稳心安。

※ 译文

刻苦读书，即使不能够成就名声，还可以使人的品行高洁优雅，气度不凡；道德高尚，并不企求获得回报，而是以能时时刻刻恬然安静地生活为目标。

※ 评注

人生在世，无论是积德行善，还是修身养性，不能为了贪图回报，一切都应该出自本心。同样，读书求学也不能只为了成就名声，而应该以读书明理为本，以拯救国家危难为己任。

为善最乐，读书便佳。

※ 译文

做善事帮助他人，是最让我感到愉悦的；认真读书求学问，以求提高自己的修养，是最让人赞许的事。

※ 评注

人生在世，要多做救人危难的善事，这样不但会得到对方的感谢，还会使自己心情舒畅，感到无比快乐，因为世上没有比帮助他人能得到更多快乐了。假如只是为了求得丰盛的宴席和华美的房屋作为报答，而去施善救困，那就是出于私心的自利行为。同样的道理，认真读书，应注重自身的修养，这也是最值得称道的事情。有人只看到现在社会上许多读书人过着贫困潦倒的生活，而纨绔富豪之辈，不学无术却反而纸醉金迷，且多有行为不轨，于是就以为圣贤迂腐，读书无用。他们不了解读圣贤经典著作的重要性，不知道子孙后代都不读书，就会不懂得孝敬长辈，不懂得提高自身修养，不懂得教育子孙后代。这样不识羞耻地代代相传，后世的人就会禽兽不如。所以，对读书这项宏大长远的事业，我们应当竭力提倡，世代相承啊！

诸君到此何为，岂徒学问文章，
擅一艺微长，便算读书种子；
在我所求亦恕，不过子臣弟友，
尽五伦本分，共成名教中人。

※ 译文

你们到这里来做什么呢？难道只是为了求取学问，写作文章吗？如果只是在学问或文章上有一点特长，就能算作真正的读书人吗？其实没有这么简单，我们所追求的是表面的宽容大度，不过就是为子为臣为弟为友，也就是尽各自五伦的本分，一起成为恪守礼教的人。

※ 评注

在广州香山书院有此楹联。刘直斋云："士先器识而后文艺。若夫少时无所持养，不为事亲从兄之事，不闻礼义廉耻之说，但为无根浮伪之文，骤登青云之路，其不蔑弃君亲、草菅人命者，鲜矣。"读书求学应该有更高的追求，不但要在礼、乐、射、御、书、数六艺上有一技之长，还要尽量拓展自己学问的广度和深度。在五伦之上，不但要遵循父子有亲、君臣有义、夫妇有别、长幼有序、朋友有信的要求，同时，也不能因为五伦而束缚了自己的手脚。从一个人的才能（六艺）和为人（五伦）来看，我们的衡量标准应首先是他的处世为人，然后才是他的技能才学。

聪明用于正路，愈聪明愈好，
而文学功名益成其美；
聪明用于邪路，愈聪明愈谬，
而文学功名适济其奸。

※ 译文

如果人的聪明才智用在正道上，那么他越聪明，对他自己和社会越有利，而他的学问和功名就越能够使他的美德传颂天下；如果人的聪明是用在邪道上，那他越聪明，道理就会显得越荒谬，而他所谓的学问和功名就会进一步助长他的奸诈。

※ 评注

俗话说，用人要人尽其才、才尽其用，这可以说是用人的标准，但在这一标准之上还要有一个前提，那就是把自己的才能应用到对人类、对社会有益的地方。如果空有一身才学，却走上了邪路，或是违背社会潮流而行，甚至与人民为敌，破坏国家的繁荣与稳定，这样的才能又有何用呢？就如同南辕北辙的故事一样，本想往南，却执意往北走，即使付出再多的努力也达不到目的地。与其适得其反，还不如不做的好。所以说，人在行事之前还是要有明确的目标，首先要明白自己做什么、为什么这样做、事成之后的结果等问题，我们才会在反省中发现自己的错误，及时悬崖勒马，不至于使自己一失足成千古恨。

战虽有陈，而勇为本；
丧虽有礼，而哀为本；
士虽有学，而行为本。

※ 译文

战场交锋，虽然要求列阵有方，但关键还是要以士兵的勇猛为根本；操办丧事，虽然要求礼节周全，但重要的还是要以哀痛的行为为根本；有知识见地的文人志士，虽然学富五车，但关键还是要以品德修养为根本。

※ 评注

事物的细枝末节当然要注意，但断断不可因此而忽略了本质的东西。一旦舍本逐末，必将尝到失败的苦果。到了山穷水尽时，悔之亦晚矣。古语云："山不在高，有仙则名；水不在深，有龙则灵。"在看待事物时，千万不要被事物外表的假象所迷惑，关键要透过现象看本质。世上有才能的人不在少数，但才能的高低与品德修养却又是两码事，如果才高德低，我们所看重的只是外在所表现出的"才"，却不去深究内在的"德"，就容易因用人不当而影响自己的事业。所以，我们考查人才时应以德为先，以才居后，最好任用德才兼备的人。

飘风不可以调宫商；
巧妇不可以主中馈；
文章之士不可以治国家。

※ 译文

回旋的风刮起时，不能调和乐器的音调；精巧的妇人未必就能主持好家政；只会写文章的好手，是不能用他来治理好国家的。

※ 评注

尺有所短，寸有所长。优秀的事物也存在自身的缺陷，而有缺陷的事物也必有其值得称道的地方。这就要求我们在具体应用一些事物时，要根据实际情况灵活变通地把握，且不能拘泥不变。以为一好百好而死搬硬套，那样，将有可能把好事变成坏事，贻误事业前程。

经济出自学问，经济方有本源；
心性见之事功，心性方为圆满。
舍事功更无学问，求性道不外文章。

※ 译文

经世济民的本领，从学问中来，这本领才是经世济民的本源；远大的理想抱负，只有体现在事业的成功上，才称得起理想抱负圆满实现。舍弃了事业就不可能成就学问，而要想实现自己的理想抱负就不外乎文章了。

※ 评注

学有所用，学以致用，这样掌握的东西才有实际的用处，也不枉花费了许多时间来学习和锻炼才能，而在用的同时，亦在完善所学所备的才能，使之圆满。做事都应该抓住关键，只有这样才会游刃有余，事半功倍。如果不知道从何处下手，只知一味盲目地去做，可能付出了很大努力也不见成效。牵牛要牵牛鼻子，好刀要用在刀刃上，指的就是要善于把握关键点去做事，这样才会避免费力不讨好。读书立业就是这个道理，做学问不是单纯地为了读书而读书，要有联系实际的地方；追求建功立业，又不能放弃经书文章的锤炼，因为这是道德追求的根本，也是建立事业的基础。

何谓“至行”？曰“庸行”。
何谓“大人”？曰“小心”。
何以“上达”？曰“下学”。
何以“远到”？曰“近思”。

※ 译文

有人问：“什么是一个人的最高德行？”回答说：“日常生活中的修行就是。”有人问：“怎样才算是德高望重的长者？”回答说：“谨慎谦逊、遵守礼节的人就是。”有人问：“怎样才能够使学问有所长进？”回答说：“勤奋好学，不耻下问。”有人问：“怎样才能达到高远的精神境界？”回答说：“体察人情世故，从近处思考。”

※ 评注

大音希声，大象无形，最高的德行是中庸之道，要上知天命必须下学人事，而要远达目标必须首先从近的地方思考，这些都是圣贤在经过了实践之后得出的结论。虽然不是一般的人所能理解的，但是一定要牢记于心，当细咀嚼，为己所用。如果通晓了以上道理，推而广之，我们就会明白：要想品德高尚，从谦逊恭敬做起就可以了；要想学有所成，从敏而好学、不耻下问做起就可以了；要想追求高远的精神境界，从细微之处做起就可以了。

竭忠尽孝，谓之人；治国经邦，谓之学；
安危定变，谓之才；经天纬地，谓之文；
霁月光风，谓之度；万物一体，谓之仁。

※ 译文

能够做到竭尽忠孝，才可称得上仁义之人；能够做到治国安邦，才可称得上有经世之学；能够平定叛乱、扭转败局，才可称得上有用之才；能够编织天地自然万物，才可称得上风流文章；能够有爽朗温和的胸怀，才可称得上有儒学大家的风度；能够与自然万物和谐相处、融为一体，才可称得上有君子的仁德之心。

※ 评注

学问道德有深有浅，有治国经邦之才，才可称之为大学问。做人跟做学问一样，要深明其中三昧，才能真正明白如何做一个有用的人，使自己成就一番功业。

以心术为根本，以伦理为桢干，以学问为菑畬；
以文章为花萼，以事业为结实，以书史为园林；
出歌咏为鼓吹，出义理为膏粱，出著述为文秀；
以诵读为耕耘，以记问为居积，
以前言往行为师友，
以忠信笃敬为修持，以作善降祥为受用，
以乐天知命为依归。

※ 译文

以运用心思的方法作为根本，把条理作为树干，把学问作为田地；把文章作为花朵，把事业作为果实，把书史当作园林；把歌咏当作音乐，把义理当作食物，把著述当作彩绣；把诵读当作耕耘，把记问当作积藏，把古人言行当作良师益友，把敬忠笃信当作修持，把行善降祥当作受益，把乐天知命当作归依。

※ 评注

春天是耕耘的季节，夏天是生长的季节，秋天是收获的季节，冬天是孕育的季节，一年四季，各有各的美感和动人之处。这与育人育树一个道理，根须、树干、花朵，都是由不同的时令季节所孕育的。与之相匹配的是，我们要学会选择相应适当的心术、伦理、文章，来作为营养成分充实自己，以求得到茁壮成长，成就一番事业。

凛闲居以体独，卜动念以知几，谨威仪以定命，
敦大伦以凝道，备百行以考德，迁善改过以作圣。

※ 译文

一个人清闲独处时应对自己的行为加以谨慎，预知每一个念头的含义，严谨处事，安于天命，敬人伦以成就圣贤之道，以把自己的各种品行作为检验道德的标准，纠正自己的错误，一心向善，以成就圣贤之士的美名。

※ 评注

俭以养德，静可消噪。人在闲散独居时，容易养成懒散而不知节制、消极无为而虚度时光的恶习。所以当我们独自行走在人生之路上时，一定要经常激励自己，不可有丝毫懈怠，更不可心灰意冷，甚至产生绝望放弃的念头，而应充满信心、朝气蓬勃地不断追求。散漫的人看不到散漫的坏处；散漫的人也总是在为自己的散漫找借口；散漫的人不会在乎任何人的忠告，直到他们因此吃足苦头，才会醒悟过来。大部分的成功者都有一个严谨的作风，他们不能容忍自己的失误。这样也许会辛苦一点，但比起因散漫而带来的巨大损失，这点辛苦还是值得的。

收吾本心在腔子里，是圣贤第一等学问；
尽吾本分在素位中，是圣贤第一等工夫。

※ 译文

把良心放在心中是先贤圣哲的最高学问；尽自己的本分为人行事，是圣贤之士的最高功夫。

※ 评注

身正不怕影子斜；不做亏心事，不怕鬼叫门。以上谚语都是说在为人处世时能行得正、做得端，就不要害怕他人的非议与讥讽。认认真真做事，本本分分做人，脚

踏实地走自己的路，活得清清白白，做得问心无愧，这才是圣贤之人追求的一等学问。如《三字经》中所说："人之初，性本善。"其实，每个人的本心都是向上向善的，只不过在后天的成长中因众多的人不能够坚持自己的本心，才有了善恶之别、好坏之分，在此基础之上，人才又有了君子和小人、圣贤和愚钝之分。

万理澄澈，则一心愈精而愈谨；
一心凝聚，则万理愈通而愈流。

※ 译文

能够参透万物的事理，心里就会越显得清楚而专一；能够把精力集中于一处，心底对万物的事理就会越通晓畅达。

※ 评注

有一首佛教偈语为："身是菩提树，心如明镜台，朝朝勤拂拭，勿使惹尘埃。"如其所说，心灵是做人处世的根本，只有在心清性明的基础上，才能够使自己在所从事的事业上有所作为。如果能够把精力专注于一，定会学有所成；如果三天打鱼，两天晒网，做事朝三暮四，没有持之以恒的精神，很可能就会半途而废，甚至一事无成。

宇宙内事，乃己分内事；
己分内事，乃宇宙内事。

※ 译文

如果能够把宇宙间的万事万物作为自己的分内之事，那自己的分内之事也就成了宇宙间的万事万物了。

※ 评注

宇宙原指上下四方，古往今来。在《庄子》中有："有实而无乎者宇也，有长而无本剽者宙也。"在《尸子》中有："上下四方曰宇，往古今来曰宙。"此处是说世间之人应有乐观豁达的博爱胸怀，能够以天下为己任，与自然相连相通。

身在天地后，心在天地前；
身在万物中，心在万物上。

※ 译文

身体虽然处在天地万物之后，但心灵却在自然万物之前；身体虽然处在天地万物之中，但心灵却在天地万物之上。

※ 评注

身处喧嚣的尘世中，但能够保持一颗纯洁宁静的心灵，就如同那出淤泥而不染、濯清涟而不妖的莲花一样，这便是最高尚的追求，是最完美的生活。在当今这物欲横流的年代里，许多人为了功名利禄而迷失了本心，失去了真正的自我，一心只知追逐金钱方面的利益，沉迷于酒色财气之中不能自拔。而那些懂得修身自持的人，则过着"举世皆浊我独清，众人皆醉我独醒"的高尚生活，他们不被世间的纷纷扰扰所迷乱，而是一心追求超然物外的精神境界，让人觉得他们是那么洒脱自然、逍遥快活。

观天地生物气象，学圣贤克己工夫。
下手处是自强不息，成就处是至诚无息。

※ 译文

观察天地万物自然的景象，学习先哲圣贤修身养性的本领。在实践中身体力行、奋斗不止，最终必会在学无止境的道路上成就一番事业。

※ 评注

一个人只要心中有了坚定的信念，能够自强不息、真心诚意地追求事业，朝着理想的目标脚踏实地奋斗，不管是顺境也好，逆流也罢，都不会改变自己的前进方向。只要下定决心，坚持不懈，寻求动力的源泉，就会在一片诚心的推动下迈向胜利的彼岸。如果不能以一颗真诚之心探求学问，不能善始善终，就会如同逆水行舟，一旦有了丝毫懈怠，就会被水流冲回来。只有奋力划动前进的船桨，才能保证我们一直向前。

以圣贤之道教人易，以圣贤之道治己难；
以圣贤之道出口易，以圣贤之道躬行难；
以圣贤之道奋始易，以圣贤之道克终难。
圣贤学问是一套，行王道必本天德；
后世学问是两截，不修己只管治人。

※ 译文

以圣贤的道理教导别人容易，但以圣贤之道要求自己就难了；把圣贤的道理表达出来容易，但是要身体力行地去做就困难了；按照圣贤的道理去做事容易，但是能够坚持到底就困难了。圣贤的道理必须与实践相结合，施行仁政必须要从自己的品德性情做起；后代人却正好相反，不能够把学问和实践统一起来，不知道修养自身的性情，而只知道管理别人。

※ 评注

古人说："一言学问，治人便当修己。不修己而治人，真谓之未尝学问。"其意也就是"己所不欲，勿施于人"的意思。以圣贤君子的道理教导别人，表面看起来容易，其实是很困难的。首先自己要遵守圣贤之道，只有自己做到了，才有资格去做他人的榜样，教导他人。如果自己不遵循圣贤之道，却一味地指责他人过失，表面说的是甜言蜜语，背后做的却截然相反，像这样言行不符的人，只能算作是打着行圣贤之道的幌子招摇过市，想为自己求取好名声，结果却搬起石头砸自己的脚，只落得个虚伪小人的恶名。

口里伊周，心中盗跖，
责人而不责己，名为挂榜圣贤；
独凛明旦，幽畏鬼神，
知人而复知天，方是有根学问。

※ 译文

嘴里说着伊尹和周公的名字，好像充满仁义道德，但内心里却想着偷盗等邪念之事，只知指责别人，从不约束自己，这样的人是"挂榜圣贤"的虚伪之士；在白天能严于律己，行光明正大之事，在黑暗中仍能够敬畏鬼神，知人事与天命，这才是有根有据的实际学问。

※ 评注

当着人说好听的，暗中却侮辱诽谤；见到比自己地位高的就说些阿谀奉承、溜须拍马的话，遇到比自己地位低的就自命不凡、趾高气扬。表面一套，暗中一套，这样的人，在现实社会中可谓屡见不鲜。而真正的圣贤君子却通过直言来抒发自己的情怀，表达自己的意见，他们从不因外界的纷扰而改变自己的初衷，更不会看别人的眼色行事。宁为玉碎，不为瓦全，是他们的精神追求和所坚持的道义；头可断，血可流，但是君子的志向与气节不能丢。

无根本的气节，如酒汉殴人，
醉时勇，醒来退消，无分毫气力；
无学问的识见，如庖人炀灶，
面前明，背后左右，无一些照顾。

※ 译文

没有立身处世的应有气节，就如同醉汉打人，醉的时候勇敢，可等醒来后勇气就无影无踪，没有了丝毫的力气；没有以学问为基础的见识，就好像厨师在炉火前面，面前是光明，而背后却是一片黑暗。

※ 评注

不明事理的人，如果一时教诲他理解了某方面的知识，他最终也会因只知其一而不知其二走入歧途，关键还是要让他从根本做起，立德求信，树立自己的气节。如果能及早立志，培养自己的性情，坚持自己的道义，即使是小人也能有君子所为。一念之差，也很可能会沦落为欺世盗名的小人。

有些人之所以无法坚定信念走自己的路，就是因为最初恶念的误导，使自己久久不能做出决断，而最终没有形成自己的雅趣和节操。能够居安思危、临危不惧、愤然而起，坚持自己的追求，就能冲破世事的诱惑与束缚，惟有如此，才能求得圣贤的学问与节操。

理以心得为精，故当沉潜，不然，耳边口头尔；
事以典故为据，故当博洽，不然，臆说杜撰也。

※ 译文

用心体会事情中所蕴含的道理才能精确得当，这就要求我们做事要沉稳老练，如果凡事不由心，说过听过之后就会忘得一干二净了；事理要以典故为解说的依据，这就要求我们必须博学多识，否则就会凭主观思想随意推测，胡编乱造。

※ 评注

寓意深刻的道理有时是言语无法表达的，必须要用心去领会、去参悟，如果自认为知识渊博，不能专心致志地研习，学问势必难有长进，即使得出了新的认识也是浅显的，甚至庸俗的，不足称道。只用心追求，抱着精益求精的治学态度，才会从学问中提炼出独特而新颖的真知灼见来。

只有一毫粗疏处，便认理不真，所以说惟精。
不然，众论淆之而必疑。
只有一毫二三心，便守理不定，所以说惟一，
不然，利害临之而必变。

※ 译文

即便有丝毫的疏漏之处，就可能导致对真理的认识不准确，所以才有了精确的要求。如若不然，众说纷纭的事必然会导致混乱而使一些人产生疑惑的心理。哪怕有一点粗心大意的意外想法，就可能会放松坚守事理，所以要求用心专一，如若不然，当面临利害关系时就必然会发生混乱。

※ 评注

佛教中认为万物由心造，世间的一切事物都因心而生，因心而灭。虽然这句话有浓重的佛教色彩，但其中蕴含的道理是深刻而广博的。心是成事的根本，如果只知埋头去做事，却不知用心去寻求方便快捷的方法，就如同只知死读书的书呆子一样，虽然付出了不少努力，但收效甚微，所谓的“学而不思则罔”就是这个道理。举一反三，推而广之，做任何事都要有专一的精心投入和坚持不懈的追求。如果有丝毫的懈怠，就可能会导致整个事业的失败。为人处世如此，对真理的追求更是如此，就如同哥白尼坚持“日心说”一样，虽然在发现真理的那一刻不可能被所有人接受，甚至哥白尼本人也遭到讥笑与迫害，但只要坚持下去，真理总会有得到社会认可的那一天。

接人要和中有介，处事要精中有果，认理要正中有通。

※ 译文

待人接物要平和而有节操，处理事情要精明而果断，认知事理要正直诚实而通达。

※ 评注

无论是对人、对事，还是面对真理，都要有行为标准。对人要谦虚恭敬，有礼有节，这样才会赢得他人的尊重与爱戴，因为你怎样对待别人，别人反过来就会怎样对待你。

处理事情要有果断干练的作风，这样才不会贻误时机，如果遇事犹豫不决，模棱两可的话，就可能会错过成事的最好时机，结果反需付出更多的努力去挽回。对待事理就要洞晓其中的成败得失，能够把握并理解事理的趋向与内涵，让真理永远伴在自己身边。

在古人之后，议古人之失则易；
处古人之位，为古人之事则难。

※ 译文

生在古人之后的人议论古人的得失优劣是容易的，可要是设身处地站在古人之位上做古人所做的事，就感到有困难了。

※ 评注

作为今人，我们在古代每位先哲圣贤的身上都能找出他们各自的优劣，可对于自身，我们却很少能够做出客观而公正的评价；当批评他人时我们总能说得具体而详细，显得头头是道，可每到进行自我认识时，总是不能切中要害，原因就是我们不能够抱着公正的态度自我反省，这样我们就无法认识到自身的缺陷，无法使自己日趋完善，达到更完美的结果。而在批评他人时，我们往往会求全责备、过于严厉，这样就可能会深深伤害他人的感情，甚至使自己陷入众叛亲离的绝境。对待他人，我们应首先发现优点，这样才能找到志同道合的共同点；对于自己，我们首先要发现缺点，并努力改正，这样才能够更好地被他人所接受、喜爱。

古之学者，得一善言，附于其身；
今之学者，得一善言，务以悦人。
古之君子，病其无能也，学之；
今之君子，耻其无能也，讳之。

※ 译文

古时候的学者得到一句善言，就会身体力行地去实践；而今天的学者得到一句善言则必定要先取悦他人。古代的君子害怕别人耻笑自己无能，所以便不断地学习，以求增进知识；今天的君子对于自己的无能也感到十分羞耻，但他们不是充实自己的学问，而是极力地掩盖避讳。

※ 评注

在当今社会，人们失去了古代圣人君子虚心求教的传统美德，而过多地追求爱慕虚荣的浮华之风。仔细观察我们身边的人群，他们一心只想随潮流而动，在吃穿住行方面与人攀比，以显示自己的高贵与荣耀。把自己打扮得花枝招展、油头粉面，而内心却空洞无物、胸无大志。每天就如做一天和尚撞一天钟的出家人一样，只知安逸地享受生活，却没有追求的理想和精神支柱。由于富贵多是昙花一现，这也就决定了安逸的生活是不能长久维持的。

眼界要阔，遍历名山大川；
度量要宏，熟读五经诸史。

※ 译文

如果想要有开阔的眼界，就需要游历名山大川；如果想要有恢宏的气度，就需要熟读四书五经这些经典之作。

※ 评注

实践出真知，如果一天到晚封闭在书房中，只知道从书本中学习知识，却不在社会生活中加以运用，不通过实践来检验，是难以获得真知的。这与开阔眼界是同样的道理，只是死守家门，而不知看看家门外的世界，这样的人无异于井底之蛙，自以为有独到的见解，等跳出家门后才知自己的渺小。想要有宽广博大的胸怀，就要以知识来填充自己的头脑，尤其是古代那些意境深远、内容丰富的经典之作，才能够培养我们大度的情怀。

先读经，后读史，则论事不谬于圣贤；
既读史，复读经，则观书不徒为章句。

※ 译文

先读经书，后读史书，那么议论起事情来就不会与圣贤的观点相违背；已经读了史籍再去读经书，那看书的目的就不能只是为了摘章引句了。

※ 评注

经书多是讲义理的，而史书则是记载史实的，两种书可谓相辅相成、互相诠释，互相推动着不断进步。按一般的读书方法应是先明白了事理之后再去阅读史书，这样才会对史事做出准确的评价。如果不明事理就去拜读史书，可能会陷入一知半解的地步。对于经、史两类书籍，最好的方法还是要根据实际需要有选择地阅读。史书中不明白的事例要用经书中的义理去解释，经书中难以明白的道理就用史书中的事例去阐述，只有把两类书有机地结合起来阅读，我们才会从中获得真学问。

读经传则根底厚，看史鉴则议论伟，
观云物则眼界宽，去嗜欲则胸怀净。

※ 译文

读儒家典籍，就能为治学打下坚实的基础；看史书鉴古今，就能使宏论滔滔、切中肯綮；游山川圣景，就可使志气凌云、眼界开阔；戒嗜好、弃私欲，就使胸怀磊落而一尘不染。

※ 评注

儒家经典之作是治学的基础，通古辨今是言论宏韬伟略的基础，游览名山大川是开阔眼界的基础，摒弃嗜好私欲是胸怀坦荡的基础。尤其是最后这一条，个人的嗜好与私欲是最难克服的，也是危害最大的。不良的嗜好会导致人误入歧途，私心杂念会让人变得惟利是图、争权夺利，只有戒掉这两方面，才有可能做好其他。

一庭之内，自有至乐；
六经以外，别无奇书。

※ 译文

自家庭院虽小，但总能找到赏心悦目的乐事；除了六经之外，就没有更奇特的书籍了。

※ 评注

家是温馨的港湾，家中那个小小庭院就是我们玩耍的乐园。酷热的夏天，坐在树下乘凉，挥动着竹扇看云卷云舒；寒冷的冬天找个阳光明媚的日子，依然坐在庭院中接受温暖的照耀。如有闲情雅志，在院中开垦一小块土地养花种草，盛夏之际在花草丛中看蝶飞蜂舞，这是何得的惬意与安然！《诗》《书》《礼》《易》《乐》《春秋》六部经书，是古代圣贤思想的精华所在，熟读这六部经书，将对我们的学问、修养大有裨益。

读未见书，如得良友；
见已读书，如逢故人。

※ 译文

阅读没有见过的书，就像结识一位新朋友一样，情投意合；重读看过的书，就像故友重逢一样，显得亲切自然。

※ 评注

对于一个渴求知识的人来说，一本新书意味着与一个好朋友的结识，这个朋友带给他的不只有快乐和知识，还有生活中的基本技能和谋生的本领。重读过去的书，虽如故友重逢，但此时更多的是心得体会，没有了结识新朋友时的激动之情和新鲜感。这就如同故友相识后，无须用过多的言语来表达离别之苦一样，一个眼神，或是一个微笑，就足以达到心灵间的默契了。

何思何虑，居心当如止水；
勿住勿忘，为学当如流水。

※ 译文

思考些什么，忧虑些什么，心应如静水般平静，不得有丝毫的急躁情绪；不停留，不忘记，读书应当如流水般永不停息、坚持不懈。

※ 评注

无论是思考问题，还是面临各种忧虑的境地，都要保持心平气和、沉着冷静的心态；遇事要深思熟虑，且不可有丝毫急躁冒进的心理，否则就可能会因一着不慎，而导致满盘皆输的后果。而求知为学却正好相反，学如逆水行舟，不进则退，只有孜孜不倦，始终如一地坚持下去，才会学有所成，获得真知。如中途有丝毫的懈怠或疏忽，则在学问方面的长进就可能停滞不前，甚至出现倒退。就如那逆水而上的船只，只有让自己的速度超过水流的速度，才能确保自己有所长进。

心不欲杂，杂则神荡而不收；
心不欲劳，劳神则疲而不入。

※ 译文

心境不能产生私心杂念，杂乱就会使心神恍惚而不能集中；用心也不能太过劳累，心神太劳累就会使精神疲惫，无法记住所学，而没有任何收获。

※ 评注

如果做事过于费神劳力，就会使心力交瘁，这并不会有什么收获。能够在诵读学习的闲暇时间闭目养神、调神静气，以劳逸结合的方式做事才会有所成就。如果读书得不到乐趣，而是满身心的疲惫，那倒不如不读书。求学时的心情能如同在水中游玩的鱼、在林中清闲的鹤那般轻松洒脱、活泼自然，这才是我们从读书中应得到的快乐。

心慎杂欲，则有余灵；
目慎杂观，则有余明。

※ 译文

内心谨防私欲杂念，才会使心神更加安详；眼睛能够避免杂乱的景象，才会使眼睛更加明澈。

※ 评注

因我们世人有着众多的执着与妄想，而在很多时候不知该何去何从。可要是我们驱除杂念、静心细想，就会明白生活其实很简单，关键是我们没有找到快乐面对生活的方式。抛开私心杂念，就会获得一颗逍遥自在的心灵，对眼前的功名利禄、灯红酒绿视而不见，就会摆脱束缚心神的牢笼，自由自在地屹立于天地间。

案上不可多书，心中不可少书。
鱼离水则身枯，心离书则神索。

※ 译文

放在桌案上的书不可过多，心中的书却不能少。鱼离开水就会干枯而死，人离开书就会失去精神的寄托。

※ 评注

水是鱼儿生活的最基本条件，鱼离水则亡。人也如同鱼一样，在满足了必备的生存条件后，会有更高的精神追求，此时，书本便成了精神的支柱，成了颐养身心、消遣时光的最好工具。如果离开了书本，闲暇之余就会无所事事，难以管束自己松弛的身心，精神也会变得日益颓废，心灵失去了依靠，精神失去了寄托，这样的人与行尸走肉又有什么区别呢？俗话说：万般皆下品，惟有读书高。只有以书为伴，才能让我们生活得更加充实、幸福。

志之所趋，无远勿届，穷山距海，不能限也；
志之所向，无坚不入，锐兵精甲，不能御也。

※ 译文

只要心中有远大的志向，就没有到达不了的地方，即使到了山穷水尽的地方也是不能阻隔的；追求心中的志向，没有攻破不了的阻碍，就是再精锐的军队也无法抵御。

※ 评注

记不下书中内容，熟读多遍便可烂记于心；不能精确理解书中义理，细心思考便可精益求精。只要坚持自己的志向不动摇，并努力为之奋斗，终有功成名就的一天。现在的人因过于追求功名利禄而忽略了自身道义的培养，宁愿做个高贵显赫之人，也不愿做个乐于助人、以天下为己任的好人，其根源就是不肯立志这一弊病。

把意念沉潜得下，何理不可得；
把志气奋发得起，何事不可做。

※ 译文

如能使意念沉稳下来，所有的事理都能够通达明彻；人只要奋发图强，再困难的事也能够取得成功。

※ 评注

追求学问心浮气躁，自以为是，不能保持一个沉稳谦虚的心态，那么对事物蕴含的真理也只能一知半解，得不到深刻的领悟。现在的人都以浮躁的心态去观察事理，只做表面文章，从不深剖其里，以至于妄下结论，糊涂一生。而真正的求学之人表面虽是沉默寡言，但内心却洞晓事理，潜心研习，使自己的学问日有所进。

不虚心，便如以水沃石，一毫进入不得；
不开悟，便如胶柱鼓瑟，一毫转动不得；

※ 译文

没有谦虚的态度，就如同用水浇石头，水一点也渗不进去；不能用心去领悟，拘泥而不知变通，就如同胶柱鼓瑟一样，一点也转动不得。

※ 评注

读书最怕自满的心态，谦虚之心是一种渴望，这样的人敞开心扉接纳知识，而自满之心令人厌恶，这样的人关闭窗门，拒绝吸取新的知识，而且还不时向他人炫耀自己。读书首先要明白出入之法，有亲切之感，这是入书之法；能看透其中玄机，这是出书之法。就如同一只气球，当气少时就需要补充，当自满之气过盛时就要释放。

不体认，便如电光照物，一毫把捉不得；
不躬行，便如水行得车、陆行得舟，一毫受用不得。

※ 译文

读书不体验自身的感悟认识，就如同闪电照物一般，一点也把握不住；读书不能身体力行，就如同在水中前行有车无舟、在陆地前行有舟无车一样，一点用途都没有。

※ 评注

为学不能只妄谈一些空洞无物的道理，而应在待人接物的过程中详细审察，认真体会。如果只知观看天下之事中蕴含的道理，而分辨不出善恶真假来，这开阔的眼界在实际生活中也是毫无用处的。真正的学者在读书求知时，须把书中的每一句话与自己的行为作比较，一面思索体会，一面反躬实践，这才是读书之法。

读书贵能疑，疑乃可以启信；读书在有渐，渐乃克底有成。

※ 译文

读书贵在有怀疑的精神，有疑问才能引导我们对事物作进一步的了解；读书要按部就班，这样才能坚持到底、学有所成。

※ 评注

怀疑的精神是觉悟的先机，有了疑问就会产生思考和询问，这样距离明白其中的道理也就不远了。如果只知道个大概，却不求甚解，停止了进一步探索的脚步，这对获得真知是没有任何好处的。这就如同一个行走在沙漠中的路人，只要他再多坚持一会儿，就可以看到前面的水源，挽救自己的生命，可惜的是，他在最后一刻放弃了前行，失去了生命。生死与成败往往都只有一步之遥，积聚力量迈出最后一步，你可能就会取得成功，幸运地活下来，否则，就是失败甚至死亡。

天地是循环往复的，没有终点和极限，读书求学也是如此，没有止境，我们必须从头做起，由小到大，由少到多，坚持不懈地进行点滴的积累，这样才能继承和发扬先哲圣贤的学问。

看书求理，须令自家胸中点头；
与人谈理，须令人家胸中点头。

※ 译文

读书就要明白其中事理，必须让自己感到满意；与他人谈论道理，必须让对方得到认可与信服。

※ 评注

读书就是为了明理，如果看过之后不解其中道理，于己没有任何收获，自己又怎会满意呢？所以说，读书的底线就是心有所得。与人谈论道理，不能只知海阔天空地发表意见，关键是使自己所说的道理能够让对方接受，使对方认为我们所说的言辞不是空穴来风、毫无根据，而是言之有理、言之有据。道理讲得透彻明白，使人心服口服，这样才算达到了说理的目的。

爱惜精神，留他日担当宇宙；
蹉跎岁月，问何时报答君亲？
戒浩饮，浩饮伤神。戒贪色，贪色灭神。
戒厚味，厚味昏神。戒饱食，饱食闷神。
戒妄动，妄动乱神。戒多言，多言伤神。
戒多忧，多忧郁神。戒多思，多思挠神。
戒久睡，久睡倦神。戒久读，久读枯神。

※ 译文

珍惜爱护自己的精神，以便日后担当世间大任；虚度年华，浪费青春，凭什么报答君主亲人的恩德呢？戒酗酒，酗酒容易伤神。戒贪色，好色之徒容易腐蚀精神。戒美味的食物，美食容易使人精神昏愦。戒吃饭过饱，过饱容易使精神郁闷。戒多动，多动容易使人神志错乱。戒多言，多言容易使人精神受到损害。戒多忧，多忧容易使人精神郁结颓废。戒多思，多思容易使人精神受到刺激。戒久睡，久睡容易使人疲惫不堪。戒久读，久读容易使精神过于劳苦。

※ 评注

精神不是万能的，但没有精神是万万不能的。人生在世，无论做什么事，都是凭着一股积极向上的精神，可能是为了艰辛的生活，也可能是为了追逐利益。在当今这个物欲横流的年代，太多的人过着丰富的物质文化生活，可是他们的精神世界却显得空虚、枯燥。每天忙碌于两点一线之间，行色匆匆，根本无暇顾及街道上那熙熙攘攘的人群。一天的车马劳顿把自己折腾得筋疲力尽，感受不到生活中一丝轻松快乐的气息，这是多么可悲！所以，如何解脱身心，换来精神的解放，便成了许多人的渴求。摒除生活中的诸多不良嗜好，在生活之余与家人感受一下阳光雨露，看百花争艳，慢慢地，从心得体悟中你可能会觉得：生活原本是美好的，只是我们没有找到享受生活的方式罢了。

存养类

性分不可使不足，故其取数也宜多：

曰穷理，曰尽性，曰达天，曰入神，曰致广大、极高明。

情欲不可使有余，故其取数也宜少：

曰谨行，曰慎行，曰约己，曰清心，曰节饮食、寡嗜欲。

※ 译文

充分发挥人的天性禀赋，因为人的本性天良是不可缺的，这样就会有许多可取之处：如穷究事理，尽其本性，通达自然，就可使身心收放自如，造就豁达的胸怀和高尚的品德。人的情欲不可太盛，所以可取之处也有很多：如谨言慎行、自我约束、清心寡欲、节衣缩食、减少奢望与嗜好。

※ 评注

在每个人的天性中都蕴含着一些优越的禀赋，利用好这些禀赋就可以进一步通达事理，培养自己乐观豁达的情怀和超然物外的精神境界。一般人对人生抱有两种态度：一种是“纵欲的人生”，竭力追求世间享乐，为了满足自己的欲望，以致纵情任性到无法自拔的地步；另外一种则是“禁欲的人生”，视欲望如毒蛇，苛求自己去过枯燥乏味的生活。“纵欲的人生”就如一把烈火，如果沉迷其中，必会引火烧身，害了自己。但“禁欲的人生”也太过狭隘，因为完全禁欲使人形同槁木死灰，毫无生气。关键还要靠我们去认真对待，适度把握，才不会被欲望所左右。

大其心，容天下之物；
虚其心，受天下之善；
平其心，论天下之事；
潜其心，观天下之理；
定其心，应天下之变。

※ 译文

心胸开阔就能包容天下万物；拥有谦虚谨慎的态度就能接受天下的真知善德；思想平和才能谈论天下的善恶得失；用心沉稳才能探讨天下的学说事理；安定心气才能应对天下的风云变迁。

※ 评注

炼心如炼金，百炼而后为真金，百炼而后为真心。修身养性也好，参禅悟道也罢，都得从净化自己的心灵做起。想要生活得坦然自在，我们就要洗除心灵上的尘埃，而后才可以像天上的白云一样自在飘游，任意逍遥。区别看待世间万物，让自己的本性在净秽之间徘徊、生死之间轮回，是无法拥有一尘不染的心灵的。

清明以养吾之神，湛一以养吾之虑，
沉警以养吾之识，刚大以养吾之志，
果断以养吾之才，凝重以养吾之气，
宽裕以养吾之量，严梭以养吾之操。

※ 译文

处事清明可以培植我们的身心，精求专一可以培养我们的思虑，沉着机敏可以培养我们的胆识，刚正大度可以培养我们的气质，行事果断可以培养我们的才干，端正庄重可以培养我们的风度，胸襟开阔可以培养我们的情怀，严峻肃然可以培养我们的节操。

※ 评注

有的人以为拈花弄月、寻山问水就是圣贤的情趣所在，于是也便纷纷效仿，其实他们只看到了表面形式，而没有悟得其中的真正内涵。若要说到存心养性，则更与世外高人有天壤之别了。真正的情趣之乐不是来自外界的事物，而是源自心底，从心底迸发的快乐是最具感染力的，它表现于外的形式便是寄情于景。那些凡夫俗子看到的只是寄情之景，却没有体会到本心的快乐，所以也就难以培植高洁之士的胸怀。

自家有好处，要掩藏几分，这是涵育以养深；
别人不好处，要掩藏几分，这是浑厚以养大。

※ 译文

自己的优点长处要掩藏几分，这是用涵养化育来培养深沉的品格；对他人的缺点，我们也要掩藏几分，这是在培养自己深厚大气的风度。

※ 评注

自己的才智要深藏不露，但不露并不等于不用，在该用之时也要尽力而为。即使是有才之士也应忌讳炫耀卖弄，如果在众人面前一副高高在上的姿态，没有谦虚的求学态度，势必会引起他人的厌恶。而对于他人的缺点，如果我们能够拿出宽广的胸怀去包容，去谅解，这样便可为我们赢得更多的美誉。当然，对别人的包容也要有度，切不可一味地姑息迁就，甚至包庇纵容，而要给予他人悔过自新的机会，毕竟人无完人，金无足赤啊！

以虚养心，以德养身，以仁养天下万物，以道养天下万世。

※ 译文

用谦虚来培养自己的品质，用道德来培养自己的身心，用仁爱之心对待天下万物，用道德来教诲子孙后代，恩泽后世。

※ 评注

谦虚是铸就自身良好品质的基础，谦虚的心态表明自己尊敬他人，有要求完善自身的真实渴望，所以便会虚心向优于自己的人学习，从而不断提高自己的品质。一个人道德水平的高低直接决定着他的家风和对子孙后代的影响。如果能时刻以道德规范来约束自己，检点自己的行为，就会对子孙后代言传身教，使良好的家风代代相传，家世长盛不衰。

涵养冲虚，便是身世学问；
省除烦恼，何等心性安和！

※ 译文

谦逊的涵养是安身立命的学问；除去烦恼才会使心境安静平和。

※ 评注

涵养的深浅全凭一个“缓”字，需要我们从小慢慢培养，绝不是一朝一夕就能够养成的。培养性情，积聚涵养，必须要做到耐烦、耐惊、耐怕，做到这些，才能够达到自己难以企及的高度。世上的人遇到不如意的事时，动不动就烦恼，甚至杞人忧天。烦恼的心情于事无补，只会使自己更痛苦。惟有耐心地寻求解决事情的方法，才会让我们摆脱烦恼，求得清静。

颜子四勿，要收入来，闲存工夫，制外以养中也。
孟子四端，要扩充去，格致工夫，推近以暨远也。

※ 译文

颜子的“四勿”应牢记于心，闲暇之余，要克服外在的诱惑以培养心中的正气。孟子的仁、义、礼、智四端也要尽力扩充，下功夫格物致知，由近及远，推己及人。

※ 评注

颜子指的是孔子的学生颜渊，他的“四勿”指的是非礼勿视、非礼勿听、非礼勿言、非礼勿动。出自孟子的“四端”，在原文中是：“恻隐之心，仁之端也；羞恶之心，义之端也；辞让之心，礼之端也；是非之心，智之端也。人之有是四端也，犹其有四体也。”

喜怒哀乐而曰未发，
是从人心直溯道心，
要他存养；
未发而曰喜怒哀乐，
是从道心指出人心，
要他省察。

※ 译文

人有喜怒哀乐之情，但没有表现出来，这是从凡人之心直接追溯到道德之心，要他学习克制人性的涵养；不表现人的本性却说出了喜怒哀乐的情绪，这是从道德之心指出人的本性，要人们反省改正。

※ 评注

人有悲欢离合，月有阴晴圆缺，有的人把情绪的变化埋藏于心底，从不轻意向外表露，这是因为他们能够控制好自己的情感。有些人没有表现出喜怒哀乐的情绪，但对于情绪的变化却用言语表达得贴切中肯，这是因为他们从多变的情绪中早已悟出了感情的丰富性，并时刻反躬自问，从而使自己能更加透析世事。

存养宜冲粹，近春温；省察宜谨严，近秋肃。

※ 译文

存心养性要谦抑专一，近似于春天般温暖；反省自身应当谨慎严格，类似于秋天般肃然。

※ 评注

修身养性，要明舍得之理，当舍则舍，当得则得，能进能退，能屈能伸，无论遇到什么情况都能应对自如，这才算是修身养性的最高境界。对人要有宽容之心，以展现自己的博大胸怀；对己则应严格要求，在平日生活中对自己的言行多加谨慎，只有严于律己，才有可能成为他人效仿的榜样。

就性情上理会，则曰涵养；
就念虑上提撕，则曰省察；
就气质上销熔，则曰克治。

※ 译文

对性情上的领悟即为涵养；对每一个念头时加提醒就是省察；气质上的融汇淡雅就是克治。

※ 评注

自省克治能够得到安静，这就是涵养，修得高深的涵养就能够洞晓事理，从而进一步自省以求长进，两者相辅相成、互为因果、相互促进。涵养与克治是人心的两把助推器，在开始的时候，克治力居多，取得进步之后，涵养力居多。等达到轻车熟路的地步时，就能运用自如，毫不费力了。前代的儒家名士经常提及修身养性、反省自察，如果做不到反省自察，就无所谓修身养性了。古人云：治心如治病。反省自察，就如同切脉问疾，克治自身，就如同服药除病，修身养性，就是在保护元气，以杜绝外界任何疾病的侵袭。

一动于欲，欲迷则昏；一任乎气，气偏则戾。

※ 译文

被欲望所诱惑，就会因私心杂念而利令智昏；任由心性肆意妄为，就会因气性偏执而变得暴戾。

※ 评注

私心杂念的产生关键在于在萌芽的那一时刻，能够在萌芽的那一时刻将其压制下去，斩草除根，就会彻底免去后患。如果任其发展下去，势必会在将来带来难以想象的危害。当我们回头审视自己曾经所犯的过错时，总能把是非看得很清楚，知道犯了什么错，错在什么地方。但当时因缺少自控力，还是没有管好自己的思想和行为，可见，无论是作恶，还是从善，都是由最初的一念造成，能克己便会成为积德行善之人，难以自制就会成为罪恶之人。

人心如谷种，满腔都是生意，物欲锢之而滞矣。
然而生意未尝不在也，疏之而已耳。
人心如明镜，全体浑是光明，习染熏之而暗矣。
然而明体未尝不存也，拭之而已耳。

※ 译文

人心好比谷种，满腔盎然的生机，但因外物的诱惑或心中的欲望禁锢了生机的发展，而使之停滞下来。但生机又是无处不在的，只不过距离远一些罢了。人心如同明镜一般，全身皆是光明，但因沾染了污垢而使之暗淡无光。但这并不就表明光明之体不存在了，擦拭完之后它依然可以绽放光芒。

※ 评注

导致人走向错误的原因主要有两个方面：一是外界的影响，一是自身产生的歧途。两个方面尤以后者危害更大，因为从内心中产生的恶念根深蒂固，是难以铲除的。再加上气性的束缚，物欲的遮蔽，受到内外的夹击，那就更难以反省自身，以上也是君子谨慎行事的地方。

果决人似忙，心中常有余闲；因循人似闲，人中常有余忙。

※ 译文

办事果断的人，表面看起来好像很忙碌，其实心中常有空闲的时候；因循守旧的人，表面看似很清闲，其实心中常有许多思虑。

※ 评注

在日常生活中待人接物时，时常觉得心中有从容空闲的时候，这样的人才是有真正涵养的人。如果为了应酬而费神劳力，生怕怠慢了客人，甚至心系一些庸人自扰或是能力之外的事，只会让自己累得疲惫不堪。

寡欲故静，有主则虚。

※ 译文

清心寡欲就能心平气和，心有主见就会处事虚心。

※ 评注

不为外界的事物所诱惑就称为心静，不为外界的事物所张狂就称为谦虚。心要如天平般安然自得，任事外之物来去自如，自己只管静心养身，追求中庸之理，这是何等的清闲自在！

无欲之谓圣，寡欲之谓贤，
多欲之谓凡，徇欲之谓狂。

※ 译文

没有欲望杂念的人被称为圣人，欲望杂念少的人被称为贤人，欲望多的人被称为凡夫俗子，纵欲的人被称为狂人。

※ 评注

在中国先秦时期的诸子百家中，道家主张无欲无求、清心寡欲，这话说起来容易，但做起来是十分困难的。心无所求，超然物外，就需死守“义命”两字，明白义理，领悟生命，才能透彻世间万物，使心地自然明白，魂梦自然受用。如果心灵不净，就无法穷通事理，易被身外之物所扰，产生过多的私心杂念，而使自己为利益所驱，不能自主行事。

人之心胸，多欲则窄，寡欲则宽。
人之心境，多欲则忙，寡欲则闲。
人之心术，多欲则险，寡欲则平。
人之心事，多欲则忧，寡欲则乐。
人之心气，多欲则馁，寡欲则刚。

※ 译文

在人的心胸中，欲念多了就会变得狭隘，少了就会变得宽广。在人的心境中，欲念多了就会变得忙乱，少了就会变得闲适。在人的心术上，欲念多了就会面临危险，少了就会相安无事。在人的心事中，欲念多了就会变得忧愁苦闷，少了就会心情愉快。在人的心性气质上，欲望多了就会软弱无能，欲望少了就会坚毅刚直。

※ 评注

心为万物灵性之根，但也是万恶之源，除却心头火，求得一分清凉世界，做到心无挂碍，这就是快乐的根本。生活中需要有一颗平常心，介于知与不知之间。无欲无念、无牵无挂，才能体会到自然的博大精深之处。因此，凡事应顺其自然，为人要平静淡泊。能保持自己的身心纯洁，就会摆脱被外力支配的境地，否则我们就会被欲望指使着行动，而没有自主之力。

宜静默，宜从容，宜谨严，宜俭约，四者切己良箴。
忌多欲，忌妄动，忌坐驰，忌旁骛，四者切己大病。
常操常存，得一恒字诀；勿忘勿助，得一渐字诀。

※ 译文

安静沉默、从容不迫、谨慎严肃、勤俭节约，以上四者便是监督自身的箴言。忌讳欲望过多，盲目行事，用心懈怠而不能专一，以上四者都是自身的主要缺陷。经常训练自己的德行修养，坚持不懈便是根本；不要忘记在不间断的过程中，也能够找到修成正果的关键所在。

※ 评注

对于有涵养的人来说，静默意味着胸有成竹或是虚心求教，从容意味着临危不惧、泰然自若，谨严意味着反省自身、追求完善，俭约意味着安贫乐道、心清性明。而不懂得修身自持的人，则是利欲熏心，为了欲望奔波劳碌，甚至不择手段，就更不要说让其安下心神反省自身了。

敬守此心，则心定；
敛抑其气，则气平。

※ 译文

严格谨慎地坚定善良的本性，就会使心神安定；收敛抑制浮躁之气，就会心平气和。

※ 评注

善良是做人最基本的美德，人人都喜欢拥有诚实、宽厚、仁慈等善良品行的人，而厌恶那些虚伪、自私、恶毒之辈。因为善良能够给人带来良好的人际关系，生活的逻辑关系也是先要懂得给人关爱，而后我们才会有所收获。“满招损，谦受益。”中国人向来以谦虚为本，喜戒骄戒躁。如果一个人傲慢骄纵，目空一切，那他做事就会固执己见，刚愎自用，不会接纳任何人的意见，从而自毁人生，走向失败的边缘。

人性中不曾缺一物，人性上不可添一物。

※ 译文

在人性的涵养中不曾缺损什么，这就是善，在人性之上不可多增添什么，指的就是欲望。

※ 评注

世间没有完美的人或事，但我们必须要有对完美的追求。在培养自身涵养时，能够多修得某一方面的良好品德，就证明了我们向完美迈进了一步，虽然完美的地步达不到，但我们可以通过自己的努力去无限接近它。

“宁静以致远，淡泊以明志。”想拥有一颗淡泊之心，就要抛弃欲望，而后心中的烦恼才会烟消云散。血气方刚的冲动、争强好胜的攀比、对荣华富贵的追求等，这些都是我们心中的欲望所导致的。只有学会舍弃，能放得下，我们才会心随所愿，神清气爽。

君子之心不胜其小，而气量涵盖一世；
小人之心不胜其大，而志意拘守一隅。

※ 译文

君子心无杂念，但宏大的气量却涵盖了一切；小人欲念过多，但因拘泥一角而气度狭隘。

※ 评注

宽容理解能缩短人与人之间的距离。宽容是人类性情的空间，这个空间很广大。因此，一个宽容的人，到处可以契机应缘，和谐圆满，微笑着对待人生。如果为人过于死板、固执，那么逼迫他走上绝路的必定是他自己；如果处世太过精明，一心想占尽天下好事，那么使他处于孤立境地的也必定是他自己。可见，只知方，不知圆会处处碰壁；只知圆，不知方终究会和社会决裂。君子与小人的区别，重要的一点就在于心胸是开阔还是狭小。

怒是猛虎，欲是深渊。

※ 译文

发怒就会如猛虎伤人，欲望好比是难以填充的深渊。

※ 评注

一切恶念、恶言、恶行，对于自己和他人都是地狱；一切善念、善言、善举，对于自己和他人都是天堂。不要让怒火燃烧理智，熄灭心中的怒火就意味着弃恶从善。有一些人为了满足自己的欲望，会不择手段地去危害别人的利益。这样不但危害了别人，还会使自己走上毁灭之路。

忿如火，不遏则燎原；欲如水，不遏则滔天。

※ 译文

愤怒的情绪如同火焰，不及时制止就会燃烧掉一切；欲望就像洪水，如果不阻拦就会淹没一切。

※ 评注

每个人在生活中都曾有过愤怒的时刻，或是怨恨他人，或是埋怨自己，给我们的生活带来了无尽的烦恼，留下了许多不愉快的记忆。这些都是无形的“包袱”，它消磨我们的斗志，影响我们做事的效率。所以在我们愤怒的时候，一定要控制自己的情绪，扑灭心头燃起的烈火，且不可因它造成更多的损失。人们对幸福的追求方式，也与他们的欲望息息相关。如果欲望包含了太多，更多的是无法实现的事，那就会给生活带来许多不快。

惩忿如摧山，窒欲如填壑；
惩忿如救火，窒欲如防水。

※ 译文

控制愤怒的情绪如同摧毁山峦般坚毅，又如救火般迅速；压制欲望如同填塞山谷般有毅力，又如防洪一样果断。

※ 评注

在愤怒的情绪下，人往往容易失去理智，做出一些过激的事来，到时后悔也于事无补了。所以说，当心头有愤怒的火苗时，要及时地扑灭，否则，等到火势扩大时再想补救就来不及了。欲望也是如此，要及时制止，千万不能任其发展下去，如果欲望进一步扩大，它很可能就会吞噬掉一切，包括我们的生命。

心一模糊，万事不可收拾；
心一疏忽，万事不入耳目；
心一执著，万事不得自然。

※ 译文

如果用心懈怠松散，那么任何事都不会做好；如果用心有了疏漏，那么做所有事都不会聚精会神了；如果用心过于拘泥，那么一切都不可见其本来面目了。

※ 评注

如果想在浩瀚的知识海洋里选择某一领域，作为自己的努力方向，最重要的是要耐得住寂寞，心无旁骛，把大量时间和精力用于业务工作，坚持不懈，勇往直前。只有这样，才能保证自己专一而精深，不断取得成功。一个人如果过多分散精力于其他领域，就可能盲目碰壁，无所作为。当然，对自己所从事的事业也不能受传统模式的束缚，而是要懂得革旧除新，要有创新的意识。

一念疏忽，是错起头；一念决裂，是错到底。

※ 译文

一念的疏忽往往就是错误的开始；因一念不能善始善终，便会一错到底。

※ 评注

失之毫厘，差之千里。无论是高等的科学研究，还是平常生活中的小事，都要以认真的态度对待，如稍有疏忽就可能会影响整个事业的进程，甚至半途而废。做事不但要专注，还要有恒心，绝不能三心二意。如果遇到一点挫折就灰心丧气，不能坚持到底，将永远不会成功。

古之学者，在心地上做功夫，
故发之容貌，则为盛德之符；
今之学者，在容貌上做功夫，
故反之于心，则为实德之病。

※ 译文

古代学者注重在内心涵养上下功夫，因此外在表现便是以德高望重为标志；现代的学者注重在外表上下功夫，在内心涵养之上，表现出来的是实际德行的缺陷。

※ 评注

人不可貌相，海水不可斗量。毕竟，一个人的能力或人品是无法单凭外表来评判的。不要盲目崇尚华丽的外表，内在的充实才具有真正的价值。璀璨夺目的钻石在被雕琢之前没有一丝光泽。

只是心不放肆，便无过差；
只是心不怠忽，便无逸志。

※ 译文

只要心不放纵，就不会出现过失；只要用心专注而不懈怠，就没有不能坚守的、任意放纵的志向。

※ 评注

随心所欲之人，就像那断了线的风筝一样，虽然能够在天空中肆意翱翔，但那只是暂时的，不久就会落个粉身碎骨的下场。用心恒久专一，将来必有所成，如果三天打鱼，两天晒网，没有明确的奋斗目标，一生就只能任岁月蹉跎，无所作为。

处逆境心，须用开拓法；
处顺境心，要用收敛法。

※ 译文

身处逆境时，思想要开拓通达，奋发有为；身处顺境时，就要动用收敛言行的办法，约束自己，避免放纵。

※ 评注

自己超群的知识才干和所享受的荣华富贵，都要尽量收敛隐藏，且不可炫耀自夸；生活中遇到的艰难困苦，是对我们意志的磨炼与考验。在当代社会，考查人的一个重要方面是其处于逆境中的态度，如能够坚毅刚强地与逆境斗争，或是忍受着苦难勇往直前，这样的人将来必成大器。姜尚垂钓数载得以兴周灭纣，韩信受胯下之辱才能统兵灭楚。可见要想成就大事者，必先苦其心志，劳其体肤，铸就他钢铁般的意志，这样才能发挥其最大的潜能。

国以逸欲而亡，家以逸欲而败，身以逸欲而为昏恶、为戕贼，而后带来无穷的忧患。有忧患意识是很正常的事。孟子曾说：生于忧患，死于安乐。可见安乐是使人走向欲望的魔窟，只有心中常存居安思危的忧患意识，才能明白如何在逆境中趋利避害，摆脱困难。

世路风霜，吾人炼心之境也；
世情冷暖，吾人忍性之地也；

世事颠倒，吾人修行之资也。

※ 译文

人生世途的沧桑可以锻炼我们的意志；冷暖炎凉的世情是我们克制性情的时机；世事的是非颠倒是我们修身实践的依据。

※ 评注

“置之死地而后生”，挫折是每个人一生中都会遇到的，只不过形式、大小不一而已。只有经历过挫折才能激起你更大的勇气，迈向更广阔的天地。所以，在遇到挫折或灾祸后，不应该产生畏惧的心理，而应该“吃一堑，长一智”，在总结了挫折和失败经验教训的基础上继续前进，这样才会使我们不断完善自我。

青天白日的节义，自暗室屋漏中培来；
旋乾转坤的经纶，自临深履薄处得力。

※ 译文

清明彪炳、光明磊落的情操，是从压抑、困顿中得来的；扭转乾坤的治国韬略，是从如履薄冰的谨慎中得来的。

※ 评注

每个人都会遭遇挫折，那时也想到过放弃，但一方面又不甘心、不愿意这样轻易地松手，因为放弃了，就承认了自己的失败。在这个世界上，只有一种失败，那就是：跌倒了不再爬起，受挫了不再努力，这样我们将会一无所得。

名誉自屈辱中彰，德量自隐忍中大。

※ 译文

人的名望和声誉，在屈辱中才能得以彰显，德行与度量在隐忍中才能得以发扬光大。

※ 评注

不论多大的祸端，都是因缺少一时的忍耐造成的，对此，我们不得不谨慎对待呀！能够忍别人所不能忍之事，就能成就别人所不能成就的事业。自古至今，有大智大勇的人，必能忍受小的耻辱与愤怒，并能够享尽福寿，恩泽后世。能够担当天下大事者，也必是那些有容忍之心、沉默济世的人。

谦退是保身第一法，安详是处事第一法，
涵容是待人第一法，洒脱是养心第一法。

※ 译文

谦恭礼让是保护自身的最佳方法，安静祥和是立身处世的重要方法，涵养宽容是屈己待人的首要方法，豪放洒脱是培养心性的最佳方法。

※ 评注

为人处世要谦虚谨慎，如果为了显示自己的权力大或学问多，不懂还乱说，只会贻笑大方。一个人应该用诚实、谦虚的态度去对待知识、对待别人。不懂装懂，自欺欺人的做法既会妨碍自己的求知进步，又会给别人留下取笑的把柄。

批评他人时不过于严厉苛刻，而是抱着宽容的态度耐心劝导。给别人留条后路，就等于给了对方一次改过自新的机会，同时也是自身进行改造、完善的一次机会。

喜来时，一检点。怒来时，一检点。
怠惰时，一检点。放肆时，一检点。

※ 译文

沾沾自喜的时候，愤怒难熄的时候，懈怠松弛的时候，肆意妄为的时候，都要对自身进行检点。

※ 评注

喜怒无常，轻举妄动，只是心浮气躁的外在表现，如果这方面的缺陷不根除，必会后患无穷。如果想要消除这种浮躁之气，就要在平心静气之时反省自身，扪心自问，寻找出自身的缺陷及时改正，如此方能遇事时控制好自己的情绪，以免受外界或心神的干扰。

自处超然，处人蔼然，
无事澄然，有事斩然，
得意淡然，失意泰然。

※ 译文

个人独处时能超然物外，与人共处时能温顺和睦，无事可做时能享受安闲的生活，有事可为时能果断干练地从事，得意时能淡泊宁静，失意时能泰然自若。

※ 评注

独处时不觉空虚寂寞，与人相处时显得和蔼亲切，这是对心性的最好修养，是对生活的无限热爱与追求。空闲时，能尽情享受生活带来的快乐，有事时，就集中精力去处理，这是为人处世的基本要求。得意时，不忘形，不卖弄显摆；失意时，不绝望，不灰心丧气，这是为学成事的最佳意志。

静能制动，沉能制浮，
宽能制褊，缓能制急。

※ 译文

安静能克服浮躁之气，沉稳能克服虚浮之心，宽宏大量能克服心胸狭窄，平缓能克服急躁冒进。

※ 评注

当成功与自己擦肩而过时，许多人埋怨命运不济，苦恼自己得不到机会。其实并非没有机会，而是因为内心充斥着自以为是、猜疑臆断，将机会挤挡在了命运之外。想要在机遇降临的时候及时地捕捉住，不仅需要充实自己掌握机遇的能力，还需要不断剔除心中的杂草：浮躁、狭隘、自大……留空间给机遇扎根，我们才会取得成功。

天地间真滋味，惟静者能尝得出；
天地间真机括，惟静者能看得透。

※ 译文

天地间万事万物的本质，只有心静的人才能品味出其中的真谛；天地间蕴含的玄妙规律，只有心静的人才能够彻底掌握其中的道理。

※ 评注

灯动就不能照物，水动就不能鉴物。人的本性也是如此，如果轻举妄动就会违背万物的事理，只有静心思考才能心清性明，洞晓万物之理。一天十二个小时，如果有一刻离开“静”字，就可能方寸大乱。打开房门，接受阳光的照射，时光的变迁在静中交替往复；百花齐放，繁花似锦，美丽的景色在静中盛败相交；每日为事务奔波应酬，但仍能保持一颗淡泊安然的心境。静中蕴含着动，有静才有动，如果在寻求事理时一味地盲目草率，就难以对事理探究清楚。睡觉也是如此，心静便能睡个踏实觉，如果心有杂念，则可能会在噩梦中惊醒。惟有心静，才能坦然自得，无忧无虑。

有才而性缓，定属大才；
有智而气和，斯为大智。

※ 译文

有才能而且性情和缓的人，将来必能成为有用的人才；有智慧而且气性平和的人，才可称得上大智慧者。

※ 评注

对于任何可能影响我们祸福的事情，不要操之过急，不要过分忧心；而应冷静、心平气和地去考虑事情，寻求解决问题的方法。如果遇到问题就慌了手脚，不知从何处着手，或者为了追求速度盲目从事，不注重效果，结果很可能把事情越办越糟。有大智慧的人往往保持着一种平静的心态，与人无争，不斤斤计较，因为他们早已明白世事的进退之理，懂得何时当进，何时当退，所以总表现出一种成竹在胸的姿态来。

气忌盛，心忌满，才忌露。

※ 译文

脾气忌讳过于旺盛，心声忌讳过于自满，才能忌讳过于显露。

※ 评注

求学问知要有谦虚谨慎和科学的态度，来不得半点虚伪和自满。在治学上，不下苦功，投机取巧，只凭自己的主观意识下决定，没有任何事实根据地胡乱推测，必定得不到真学问。尤其对于孩子来说，骄傲自满容易使他们迷失自己，而父母一些过度地表扬更会让孩子忘乎所以，自以为是。如想克服骄傲自满的情绪，就要与强者作比较，去发现自己的不足，这样才会激励自己奋起直追，追求完善。

有作用者，器宇定是不凡；
有智慧者，才情决然不露。

※ 译文

有作为的人胸怀坦荡，肯定会有与众不同的表现；有智慧的人聪明伶俐，其才情决断必然不会轻易显露。

※ 评注

口无遮拦，什么话也藏不住，心里有什么就说什么，这样的人不一定就是豪爽洒脱之人，很可能是些缺少涵养与教育的平庸之辈。胸怀之中只能容得下自己，却无法包容他人，稍有作为便向他人显露自夸，只能表明自己心胸狭窄，气量短小，有此性情之人注定了其命运的悲惨。在三国人物中，杨修恃才放旷而招来杀身之祸；周瑜欲与孔明试比高，临终却空发“既生亮，何生瑜”的感叹，究其原因，都与其自身气量的狭小脱离不了关系。

意粗性躁，一事无成；
心平气和，千祥骈集。

※ 译文

心意粗糙，性情急躁，终将一事无成；心气平和，恬静自然，预示着吉祥之事的到来。

※ 评注

不懂得圆融处世，变通地解决问题，遇事只知一意孤行，刚愎自用，这样必定会使性情越来越急躁火爆，不但对身体有害，对事情的解决更是没有任何益处。人的性情偏急就会心气过盛，心气过盛就会导致粗心大意，继而做出些糊涂事来。这样的人做事往往不假思索，不懂得举一反三，无论是治家，还是处世，动不动就发怒，又岂能担当起兴家济世的大任来？

天下的事物，徐缓柔和者有更多的长处，而迫切急躁者有更多的短处。人生中的命运祸福无不与之有着必然的因果联系，这是那些性情偏激者不得不深思的地方。

心平气和四字，没有涵养的人是不可能做到的。而涵养的培植又非一朝一夕能够完成，只有功夫下到了一定火候，才能够百物兼照，成事得理。如果火候不到，就易动怒，怒而生事，从而牵连自己，所以，要做到心平气和，关键要在培植涵养上下功夫。

世俗烦恼处，要耐得下。
世事纷扰处，要闲得下。
胸怀牵缠处，要割得下。
境地浓艳处，要淡得下。
意气忿怒处，要降得下。

※ 译文

面对世俗的烦恼要能忍耐得住；身处纷纷扰扰的世事中要能闲得住；心中的牵连记挂要割舍得开；身处浓艳之境，要淡然对待；失意愤怒时，要能抑制住自己的情绪。

※ 评注

面对生活，应明舍得之理：先有舍才有得，不舍不得，小舍小得，大舍大得，舍即是得。舍是得的基础，欲得之必先予之，无舍尽得谓贪，人生之大害也。因而，人生最大的问题不是获得，而是舍弃。领悟了舍得之道，对做人做事都有莫大的益处。事物究竟是什么，不在于身外的影响，关键是看我们怎样去看待它。喜可以看成忧，忧也可以看成喜。凡事拿得起，放得下，你才会发现幸福的所在。就如同命运是掌握在我们自己的手里，而不是由他人掌控一样。

以和气迎人，则乖沴灭。
以正气接物，则妖氛消。
以浩气临事，则疑畏释。
以静气养身，则梦寐恬。

※ 译文

心平气和地待人接物，就不会有不顺心的事；以公平正直的态度对待万事万物，就会避免一切不祥之气；以浩然正气处理事情，疑难恐惧就会迎刃而解；以恬静安然的心态滋养身心，睡梦中就会甜美安详。

※ 评注

敬可修身，静可消躁。与人相交，真诚恭敬，就会彼此间留下好的印象，容易找到更多的共同语言，进而消除隔阂与矛盾，建立深厚的友谊或合作关系。身正不怕影子斜，不做亏心事，不怕鬼叫门。对于他人的非议与讥讽不理不睬，能够平静自如地继续自己的工作，有此心态者在动心忍性处必能窥见其高尚的人格和品质。

观操存，在利害时；观精力，在饥疲时，
观度量，在喜怒时；观镇定，在震惊时。

※ 译文

观察一个人的节操，要在其面对利害得失的时刻；观察一个的精力，要在其面对饥饿和疲劳的时刻；观察一个人的度量，要在其面对喜怒哀乐的时刻；观察一个人的沉着镇定，要在其遇到惊险恐惧的时刻。

※ 评注

家贫出孝子，国乱显忠臣。富裕之家的子弟谁更孝敬父母双亲，是难以分辨的。处于和平盛世的年代，辅佐君王的大臣谁更赤胆忠心，也是难以区分的。贫家之子，己身难保，如果还能侍奉好父母，这才是真正的孝子。国难当头，甚至危系江山社稷，仍有大臣忠心耿耿地保护着濒临覆灭的王朝，这才是真正的忠臣。同样的道理，观察一个人的节操高下、精力盈亏、度量大小等，不能只在处于顺境时考查，而应在逆境中观察，这才是考验一个人的最好时机。

大事难事看担当，逆境顺境看襟度。
临喜临怒看涵养，群行群止看识见。

※ 译文

一个人在面临大事、难事时，才能看出他是否有担负起责任的能力；在顺境和逆境中才能够看出一个人的胸襟是宽广还是狭隘；在面临喜怒之事时，才能够看出一个人的涵养深浅；在与众人相处时，才能看出一个人是否有见识。

※ 评注

“逆境来时顺境因，人情疏处道情亲；梦中何必争人我，放下身心见乾坤。”遭遇挫折，身处逆境时，该如何面对呢？逆境虽然会带来伤害，但是更能锻炼人、磨炼人的意志。逆境能使人进一步升华自己的心灵，提高自己感悟世界的能力。

人少时总能高谈阔论，抒发己见，可一旦到了大庭广众中就沉默寡言了，这还是证明了其见识少，目光浅。无论在人多还是人少的场合，都能来去自如、自由言论，这才是一个真正有见地的人。

轻当矫之以重，浮当矫之以实，
褊当矫之以宽，执当矫之以圆，
傲当矫之以谦，肆当矫之以谨，
奢当矫之以俭，忍当矫之以慈，
贪当矫之以廉，私当矫之以公，
放言当矫之以缄默，好动当矫之以镇静，
粗率当矫之以细密，躁急当矫之以和缓，
怠惰当矫之以精勤，刚暴当矫之以温柔，
浅露当矫之以沉潜，溪刻当矫之以浑厚。

※ 译文

轻佻之人要以稳重矫正，浮躁之人要以踏实矫正，狭隘之人要以宽容矫正，固执之人要以圆通矫正，骄傲之人要以谦逊矫正，放纵之人要以谨慎矫正，奢侈之人要以节俭矫正，残酷之人要以慈悲矫正，贪婪之人要以廉洁矫正，自私之人要以公正无私矫正，言语过多之人要以缄口沉默矫正，生性好动之人要以镇静矫正，粗心大意之人要以细心严密矫正，焦躁之人要以平和舒缓矫正，懈怠松弛之人要以精心勤奋矫正，刚直暴戾之人要以温柔矫正，浅薄直露之人要以沉稳矫正，尖酸苛刻之人要以淳厚之气矫正。

※ 评注

无论是改正自身的错误，还是纠正他人的缺点，最关键的一点就是要对症下药，得了什么病就用什么药来医，如果胡乱投医或用药的话，可能会适得其反。有的人思想狭隘，矫正的方法就是让他多去见识一些宏大的场面，以开阔自己的眼界；有的人过于奢侈，就要让他多了解一些贫穷人的生活状况，以反省自我；有的人看问题过于肤浅简单，就要让他多与心思缜密的人交往攀谈，以增长自己的见识、提高自己的思维能力……

持躬类

聪明睿知，守之以愚。
功被天下，守之以让。
勇力振世，守之以怯。
富有四海，守之以谦。

※ 译文

聪明而有智慧的人，要保持着敦厚拙朴的态度。功高盖世的人，不可锋芒毕露，要始终保持着谦逊忍让的态度。勇猛无敌的人，要始终保持着谨慎的态度，不可以无所忌惮。腰缠万贯、富甲天下的人，要保持着如有不足的态度，且不可张狂放肆。

※ 评注

历代帝王都深知以下这条古训：得江山容易，守江山难。对于具有各类性情的人来说，也遵循着这个道理。聪明而有智慧的人不在少数，但能够始终保持一颗明智的头脑却是不容易的。有的人前半生取得了无数战功，但却恃功自狂，目空一切，结果却有可能落个身败名裂的下场。有的家庭开始时非常殷实富裕，但由于疏忽了对子孙后代的教育，很可能就会使偌大的家业中道败亡。以上这些变故，我们后人不得不警惕呀！

不与居积人争富，不与进取人争贵，
不与矜饰人争名，不与少年人争英俊，
不与盛气人争是非。

※ 译文

不与囤积钱财的人争相比较财富的多少，不与醉心仕途的人争相比较地位的高低，不与骄傲自满的人争相比较名声的大小，不与年轻的人争相比较仪容、风度，不与争强好胜的人争相比较胜负的高低。

※ 评注

忍一时风平浪静，退一步海阔天空。不与盛气凌人之人争是非短长，并不是说与理不争，而是说当对方以盛气对待我们时，我们能以心平气和的心态应对。宋朝的程明道与王安石就变法一事产生了分歧，王安石勃然大怒。但程明道却和颜悦色地说："天下的事不能只凭某一人的观点来评定，希望你能够以公正平和之心对待。"王安石为之深深屈服。这才是"不与盛气人争是非"的真正含义。

富贵，怨之府也。才能，身之灾也。
声名，谤之媒也。欢乐，悲之渐也。

※ 译文

富贵钱财往往成为怨恨存在的府第；才华能力常常是自身招致灾祸的源头；声誉名望，往往是引来毁谤的媒介；欢声笑语常常是走向悲哀的开始。

※ 评注

满招损，谦受益。凡事都要有居安思危的意识，且不可在得意时忘乎所以。如果在顺境中能退一步想，见好运来临时能想到它的反面，而不是沉醉于既得利益的喜悦中。不要忘了：名声是毁谤的媒介，欢乐是悲伤慢慢滋长的田地。

浓于声色，生虚怯病。
浓于货利，生贪饕病。
浓于功业，生造作病。
浓于名誉，生矫激病。

※ 译文

沉迷于声色之乐容易使人生出虚怯懦弱的毛病；沉迷于财物之利容易使人生出贪得无厌的毛病；沉迷于功名利禄容易使人生出矫揉造作的毛病；沉迷于名望声誉，容易使人生出言行偏激的毛病。

※ 评注

所有弊病的根源都可以归结到欲望之上，只有放下心中的欲念，保持一颗淡泊宁静的心，才可体悟生活的快乐与情趣。鱼之所以被捉住，是因为它只看到了鱼饵，没有看到鱼钩；老虎之所以落入陷阱，是因为它只看到了奔跑的羊群，没有看到脚下的陷阱。其实，并非它们不知道前面有危险，而是因为它们一心只想得到眼前的食物，无暇顾及其他的了。如果一颗心淡泊宁静，就不会被外物所扰了。所以，越是在热闹的环境中，越要保持心神的安宁。

想自己身心，到后日置之何处；
顾本来面目，在古时像个甚人。

※ 译文

想想自己的身心，在百年后会安放到什么地方呢？反省自己的本来面目，在古人面前我们到底算作哪一类人呢？

※ 评注

生前醉心于利益的追求，一辈子也难得几天清静日子，到临死时才恍然大悟：即使生前积下千百万的财富，死后不还是分文带不去吗？还不如尽情享受一些生活乐趣呢！自古以来，事有好坏之分，人好像也总要分出个三六九等来。那些一生庸庸碌碌、无所事事者，便被视为可有可无的人，在醉生梦死的生活中污秽着身心，与那些有道德、有追求的人相比，岂不是有着天壤之别？

莫轻视此身，三才在此六尺；
莫轻视此生，千古在此一日。

※ 译文

不要轻视自己的身体，所有的才华都能在我们身上得到体现；不要轻视自己的生命，千古的功业都会在此生中得以树立。

※ 评注

此生不向今生度，更向何时度此身？如果从生命中的某天作恶，很可能就会一生遭受灾祸的侵袭。如果从某日积德行善的话，则可能就会在一生中建立不朽的功业。只要一生不忘多做有益于社会与他人的事，我们就会从中得到无比的快乐，即使死去也无怨无悔了。如果蹉跎一生，即使活到百岁也愧对此生。

醉酒饱肉、浪笑恣谈，却不错过了一日？
妄动胡言、昧理从欲，却不作孽了一日？

※ 译文

饮酒食肉，胡言狂笑，难道不是白白浪费了一天的时间吗？随心所欲的言行，不可遏制的欲望，难道不是度过了罪恶的一天吗？

※ 评注

有句名言说得好：浪费时间就等于慢性自杀。时间是短暂的，生命是宝贵的，如何利用时间是人生的一大课题。最好的方法就是及早立志，从而争取早日成为社会有用的人才，且不可虚度年华，把时间都浪费在我们无所事事的岁月中，以免年老时空发感叹，后悔不已。要想好好利用时间，在生活中我们就要学会同时间赛跑，而且应该尽力赶到它的前面，如果做不到，也要同它齐头并进，但绝对不能落在后面，否则就会失败。

不让古人，是谓有志；
不让今人，是谓无量。

※ 译文

敢于在有成就的古人面前一争高下，这才算有志气；在今人面前自吹自擂，这便是没有气量。

※ 评注

古代的先哲圣贤是我们学习的榜样，敢于对古人流传下来的言论学说产生疑问，提出自己新的观点或看法，就证明这类人必定有远大的志向和追求卓越的精神。在面对今人时，故意显露标榜自己的才华，没有丝毫虚心求教的态度，这类人必将会被轻狂束缚了手脚，无法求得高深的学问。

一能胜千，君子不可无此小心；

吾何畏彼，丈夫不可无此大志。

※ 译文

一人之力有时能超过千百人的力量，作为君子不能没有这样的毅力；对别人，我有什么好畏惧的呢？大丈夫就要有这样的志向。

※ 评注

战场上一对一是很正常的现象，这并不能表明他的勇敢与强大，能够以一抵百，甚至凭一人之力胜过千人，这才能真正称得上勇敢与强大。这就如同考试评分级别一样，分为优、良、中、差四等，许多人都在为得到“良”这一等级而兴奋，却没有看到比自己更高一级的“优”等。没有最好，只有更好，人生在世要的就是无限地追求卓越，向更高的层次迈进。

怪小人之颠倒豪杰，

不知惟颠倒方为小人；

惜君子之受世折磨，

不知惟折磨乃见君子。

※ 译文

责怪小人是与豪杰之士相反的人，却不知自己这颠倒黑白的人才是小人；可怜君子受尽了世间坎坷的磨难，却不知只有在磨难中才能见到真正的君子。

※ 评注

许多人都认为遭遇磨难是不幸的事，其实不然。磨难是锻炼人心志的良药，它能够使人心境明澈，通达事理，提高自己的处世和决断能力。凡古今成大事的圣贤君子，无一不是经过困难的磨炼后取得成就的。若一时的失言却没有遭遇祸患，一时的失策却成功地完成了任务，一时的肆意妄为却获得了利益，此后便认为可以不劳而获，从而沉沦下去，这才是最大的不幸。

经一番挫折，长一番识见；

容一番横逆，增一番器度；

省一分经营，多一分道义；

学一分退让，讨一分便宜；
去一分奢侈，少一分罪过。
加一分体贴，知一分物情。

※ 译文

历经一番挫折，才会增长一分见识；经历一次逆境，才会增加一分气度；省一分利益的经营，才会增长一分道义；能退让一分，就能够得到一分便宜；去掉一分奢侈，就会减轻一分罪过；对事物多一分认识，就会多懂一分世事人情。

※ 评注

生活中的挫折与逆境是对我们最好的检验，这些不幸的遭遇虽然让我们受到了伤害，却铸造了我们的坚强；虽然让我们遭受屈辱，却使我们珍视了自尊……所以，当我们在生活中遇到磨难的时候，千万不要心生怨恨，因为那是老天对我们的考验，只要能坚强地熬过去，就总有得到上天补偿的那一天。

不自重者取辱，不自畏者招祸；
不自满者受益，不自是者博闻。

※ 译文

不懂得自重自爱便是自取其辱，没有畏惧心的人往往会招惹灾祸；不自满的人才会得到裨益，不自以为是的人才能拥有广博的知识、高深的见地。

※ 评注

不知自爱的人，就更不会去爱他人了，视生命如草芥，自残形体，其结果不但危害社会，还会自取灭亡。做任何事都无所顾忌，单凭主观臆断，不假思索，必然会在日常生活中惹出许多事端，使自己不得安宁。只有圆通为人，变通处事，才能建立和谐的人际关系，才能在人生之路上多些平坦，少些挫折。

有真才者，必不矜才；
有实学者，必不夸学。

※ 译文

有真才能的人不依恃才能，有真学问的人不夸耀学问。

※ 评注

人的价值并不是靠夸耀来体现的，只有踏实苦干，努力做好每一件事，你的价值才会真正体现出来。真正有才能的人绝对不会在人前卖弄自己的文采，而是虚心研习自己的学业，孜孜不倦地探索追求。

盖世功劳，当不得一个矜字；
弥天罪恶，当不得一个悔字。

※ 译文

即使有盖世的功劳，也不能居功自傲、骄傲自满；即使犯了弥天大罪，只要能及时悔过也是难得的。

※ 评注

取得不俗的成就时应勉励自己再接再厉，且不可浅尝辄止，更不可借此为资本向人炫耀，这样就会使自己心浮气躁，无所长进，甚至还会使曾经所取得的成就付之东流。当别人指出自己的缺点和错误时，无论是恶意的还是善意的，都虚心接受并努力改正，只有这样，才能增加自己的才干，不断提高自己的能力，也才能赢得更多的朋友。

诿罪掠功，此小人事。
掩罪夸功，此众人事。
让美归功，此君子事。
分怨共过，此盛德事。

※ 译文

争功诿过是小人的行径；掩盖过失、炫耀功劳是凡人的本色；把好事和功劳谦让给别人，这才是君子的行为；替他人排忧解难，承担过错，这就是成就德行的事情。

※ 评注

看到好处便趋之若鹜，碰到责任就推托躲避，有了过错极力掩盖，有了功劳就卖弄显露，这是平庸小人的真实面目。谦让美誉与功劳，表面看起来自己吃了亏，其实我们获得了更多的赞誉与利益；与他人共同分享忧愁与过错，这不但对自己没有多大的损害，而且还减轻了他人的痛苦，得到了助人为乐后的诸多乐趣，何乐而不为呢？

毋毁众人之名，以成一己之善；
毋没天下之理，以护一己之过。

※ 译文

不要诋毁众人的成就而使自己一人受益，不要埋没天下的事理以掩饰自己的过失。

※ 评注

世上之人，有的把好事让给他人做，而自己甘愿落个不肖的名声，也有的为了获得个好的名声，却因诋毁他人也落了个不肖的名声，两者相比，真是有天壤之别呀！现在的人犯了过错，只是在言辞上通过修饰来加以弥补或掩盖，根本不能从内心深处去反省自身，即使付出再多的努力也是无济于事的，其结果倒使自己变成了一个真小人。

大著肚皮容物，立定脚跟做人。
实处著脚，稳处下手。

※ 译文

宽宏大度地容纳一切事物，坚定自己的立场去为人处事。脚踏实地，沉稳老练。

※ 评注

对于犯过失的人，他们理应得到应有的惩罚，但也不能一味地责备指责，而应视具体情况而定。对于那些有良知的人，有悔过自新的人，需要我们给予宽容，给予他们重新做人的机会。宽容还可以化解矛盾，如果以宽容的心态对待仇视自己的人，他就能够化解仇恨。这样的人才是高尚的人。

读书有四个字最要紧，曰阙疑好问；
做人有四个字最要紧，曰务实耐久。

※ 译文

读书最重要的四个字就是“勤学好问”，做人最要紧的就是踏踏实实、持之以恒。

※ 评注

治学贵严，因为读书是为了明理求知，只有勤奋好学、不耻下问，才会求得真知。如果三天打鱼，两天晒网，不能持久专一，遇到困难还不懂装懂，即使学有所得，也只是皮毛而已。认认真真做事，明明白白做人。为人勤恳忠诚，做事脚踏实地，不好高骛远，不随波逐流，这样的人即使没有大的作为，也定会活得坦然快乐。

事当快意时须转，言到快意时须住。

※ 译文

事情发展到最让人得意时要有所警觉，以防乐极生悲；话说到得意忘形的时候要及时停止，以防言中有失。

※ 评注

过失的产生，灾难的来临，无一不是在得意忘形时产生的，所以君子在得意时往往想到忧虑，遇到喜事时就想到恐惧，以警惕自己乐极生悲。许多人在得意之时只知沉浸于喜悦当中，或是放松了警惕，或是滋生了骄逸情绪，或是产生了懈怠心理，这所有的转折都可能会使其由喜悦陷入忧虑，甚至沦落到悲凉的境地。

物忌全胜，事忌全美，人忌全盛。

※ 译文

事物忌讳到达极点，事情避免极其完美，人则忌讳得意之极。

※ 评注

物极必反，过犹不及。如不切实际地过分追求完美，就可能会陷入两难的境地，不但无法达到目的，自己还会付出许多徒劳的精力。想象中的完美是不存在的，实际生活中的完美多是以达到我们的满意度为标准的，所以做事的最好标准是得到社会公众的认可和支持，且不可为了哗众取宠或攀比付出不必要的代价。做人也是如此，如果过分享受安逸的生活，就会失去前进的动力；过分地指责批评他人，就会失去良好的人际关系；过分地追逐功名利禄，就会忽略法律准绳的束缚。

尽前行者地步窄，向后看者眼界宽。

※ 译文

一味向前走的人，路途可能会越来越狭窄；常常回头看的人，眼界可能会越来越宽阔。

※ 评注

勇往直前，在常人看来是一种执着和顽强，可当条件发生变化时，它很可能就转变成为固执和盲目。如果路的尽头是悬崖峭壁或刀山火海，你也要坚持走下去吗？当此路不通时，我们最好的方法就是掉转回头，另辟蹊径，且不可一条道走到黑，非要等到撞个头破血流的时候才悔悟。路是死的，但人是活的，路途不会因行人的行程而把自己变得平坦，但人可以通过自己的眼睛去选择一条坦途，让自己少摔几个跟头。

留有余不尽之巧，以还造化。
留有余不尽之禄，以还国家。
留有余不尽之财，以还百姓。
留有余不尽之福，以贻子孙。

※ 译文

把一些多余的技巧还给大自然，把一些用不尽的俸禄还给国家，把一些使不完的财富还给百姓，把一些享不尽的福分留给子孙。

※ 评注

只想占便宜的人，不会得到别人的帮助。朋友之间，一旦不愿让对方分享自己的成就，就不能要求对方帮自己分担痛苦，这就是所谓的“己所不欲，勿施于人”。坐享其成只会消磨自己的意志，让自己变得一无所有。我们要通过自己的奋斗去创造生活，与人分享自己的快乐。这样的人生才是有价值的。

表面看来，分享是一种损失，其实那是一种投资。如果你与九人分享，虽然失去了十分之九，但未来收获的却是九份完整的回报，仔细算来，你赚了九倍的纯利润。如果考虑投资风险的话，其中只要有一人给你帮助，你就算收回了成本，再多一人给你帮助就是你的收获了。

四海和平之福，只是随缘；
一生牵惹之劳，总因好事。

※ 译文

四海之内和平安宁，这样的幸福只是随缘而得的；一生牵挂烦恼的困苦，终归还是因为好事。

※ 评注

“钱财身外物，悭求无益处，纵积千百万，身死带不去。”金钱如此，其他的事物就更不用说了。生活中许多事情的发生都好像是冥冥中早就安排好似的，有时想得到的离我们远去了，越极力追求越得不到，但不想要的却又偏偏来临了。所以，生活中有些事不得不相信缘分，有时随缘而定、随遇而安，倒是一种处事的哲学。

花繁柳密处拨得开，方见手段；
风狂雨骤时立得定，才是脚跟。

※ 译文

面对各种诱惑能够拒之于千里之外的，才是明智之人的手段；面对艰难险阻能够站稳脚跟的，才是意志坚定的人。

※ 评注

在不表现出欲望时，每个人都可以说是正人君子，一旦欲望表现出来后，有些人就站不住脚跟，现了小人的原形。在欲望和是非面前能够坚持原则、正大光明行事的人才是正人君子，但这样的人又是少数。沉迷于欲望之中的人，难以自拔，难以坚守自己的道德情操，明知事不可为而为之，结果导致自己身败名裂。

步步占先者，必有人以挤之；
事事争胜者，必有人以挫之。

※ 译文

任何事情都有争先的人，所以必定会有遭到他人排挤的；任何事情也都有争强好胜的人，所以必定会遭到他人打击的。

※ 评注

常在河边起，哪有不湿鞋？更何况人都是有追求、有理想的。为了达到自己的目的玩弄手段，甚至在暗中做些见不得人的勾当也都是很常见的。为了显示自己的才华或能力，证明自己高人一筹，还有不少人公开向对手诽谤讽刺，进行打击，所有这些遭遇都应该是那些处于名利场或是风口浪尖上的人事先要警惕的。

能改过，则天地不怒；
能安分，则鬼神无权。

※ 译文

知错能改的人，天地都会为之转怒为喜；安分守己的人，鬼神也会对其无可奈何。

※ 评注

浪子回头金不换。知错能改的人有两方面的进步，一是认识到了自己的错误，明白了错在什么地方，这是一种醒悟，更重要的进步是改正。改正是心灵觉悟后所做出的具体行动，由此我们才能够看出一个人更上一层楼的地方，这才是值得惊喜的。为人处事安分守己，让人找不到任何违背事理的把柄，这样的人就连鬼神也不会畏惧，而自己的生活更是坦然安宁的。

言行拟之古人，则德进。
功名付之天命，则心闲。
报应念及子孙，则事平。
受享虑及疾病，则用俭。

※ 译文

效法古代圣贤的言行就会增进道德。功名的得到与否听天由命，那么就会心神安闲。在因果报应方面能考虑到子孙，就会办事公正。想到过度享受安逸的生活会生病，那么生活就会节俭朴素。

※ 评注

古代圣贤的言行为我们树立了为人处事的行为准则，虚心向其学习，必能增进我们的德业。功名利禄的由来，如能听凭上天的安排，而不是极力攀缘，便能获得一分心底的平静。世事轮回，因果循环，当自己所做之事危害到他人或社会时，就要想到同样的事情可能有一天会降临到自己的子孙身上，以此教育世人要多做善事、多积阴德、恩泽后世。安逸的生活常使我们乐不思蜀，忘却了幸福生活源于贫困，而且自身还滋生了许多弊病，如散漫懈怠、空虚乏味等，这些都提醒我们要迷途知返，养成勤俭节约的良好习惯。

安莫安于知足，危莫危于多言。
贵莫贵于无求，贱莫贱于多欲。
乐莫乐于好善，苦莫苦于多贪。
长莫长于博识，短莫短于自恃。
明莫明于体物，暗莫暗于昧己。

※ 译文

最大的安逸就是知足常乐，最大的危险就是话语过多。最为可贵的就是无欲无求，最为卑贱的就是欲望过多。最快乐的事就是乐善好施，最苦恼的事就是贪图利益。最大的长处就是博学多识，最大的缺点就是骄傲自满。最明晰的事莫过于能体察物情，最大的昏暗莫过于违背自己的良心做事。

※ 评注

心无杂念，一无所求，安然享受生活的无穷乐趣，便是最安逸的事。多做善事，多结善缘，心底便会坦然安静，生活也会因此而快乐无比。过分追逐名利，贪婪没有止境，致使生活疲惫不堪，又何来快乐可言？做事光明正大，公正无私，便能体察万事万物之理，如果违背自己的良心，做些徇私舞弊、独断专行之事，必会造成许多冤假错案，使自己寝食难安，甚至落个臭名昭著的恶名。

能知足者，天不能贫。
能忍辱者，天不能祸。
能无求者，天不能贱。
能外形骸者，天不能病。
能不贪生者，天不能死。
能随遇而安者，天不能困。
能造就人材者，天不能孤。
能以身任天下后世者，天不能绝。

※ 译文

懂得知足的人，上天不会使其陷入贫困。能忍受屈辱的人，上天不会让他遭受灾祸。能够无欲无求的人，上天不会让他沦于贫贱。不重视外在华丽表现的人，上天不会让他遭受病痛折磨。不贪生怕死的人，上天不会让他轻易死去。能够随遇而安的人，上天不会让他一生坎坷困顿。能够造就人才的人，上天不会让他孤独无靠。能够担负世间重任的人，上天不会让他失去后嗣。

※ 评注

回看人生，其实每个人的一生都并非是一帆风顺的，都会经历些风风雨雨。风雨中的苦难也赋予了我们许多，因为上天不会亏待任何人，虽然它让一些人遭遇挫折，但使他们在跌倒中强健了自己的双腿；他让一些人忍受屈辱，但使他们在泪水中铸造了坚强；他让一些人品尝失败的苦涩，却因此锻炼了他们坚强的意志。所以，我们应该感谢苦难的恩赐，正是这些恩赐让我们领悟了人生的真谛，找到了塑造完美人生的航标。

天薄我以福，吾厚吾德以迓之。
天劳我以形，吾逸吾心以补之。
天危我以遇，吾享吾道以通之。
天苦我以境，吾乐吾神以畅之。

※ 译文

上天给我的福分浅薄，我就培养高尚的道德去迎接它。上天让我的身体遭受劳苦，我就放松自己的身心去补偿它。上天降灾祸使我遭受危难，我就修养道德使心境顺畅。上天使我的境遇困苦不堪，我就力求精神上的愉快并疏导它。

※ 评注

兵来将挡，水来土掩。遇到什么困境就采取相应的措施去补救。福分浅就以提高自己的道德修养去弥补；境遇坎坷、生活困苦就放松精神去寻觅快乐，而不是对生活失去信心，一味沉沦下去。在实际生活中，当空虚乏味时，可以读读书，或是看看报，在精神生活中追求更多的情趣与快乐。寂寞时听鸟儿歌唱，观花开花谢，我们都会有一种莫名的感动，这或许就是我们排忧解难、领悟生活的最好方式吧。

吉凶祸福，是天主张。
毁誉予夺，是人主张。
立身行己，是我主张。

※ 译文

吉凶祸福是由上天注定的。是非成败是由人事决定的。立身行事是由个人决定的。

※ 评注

成败得失、吉凶祸福都是由三个方面决定的：上天、他人、自己。由上天决定的事，我们最好的方法是顺其自然，且不可轻易违抗天命。由他人决定的事，正确的我们要顺其所为，错误的就要给予纠正。由自己决定的事，最好是集思广益后再下决断，切不可盲目武断。

要得富贵福泽，天主张，由不得我；
要做贤人君子，我主张，由不得天。

※ 译文

要得到富贵和福气，这都是由上天注定的，自己无力改变；想要做圣贤君子，这都是由自己决定的，上天也是无法改变的。

※ 评注

古人认为：生死由命，富贵在天。由上天注定的事人力是无法改变的，其实不然，只要在符合自然界事物发展的规律之上，我们依然可以发挥人类的主观能动性去改变自然。诸子百家中的荀子就曾提出过“人定胜天”的观点。自身的道德培养，则主要靠我们的修为，能勤学好问，具有高尚的情操和博学多识的才能，就可与圣贤君子试比高。

富以能施为德，贫以无求为德，
贵以下人为德，贱以忘势为德。

※ 译文

富贵之人以舍得施予为美德，贫贱的人以无欲无求为美德，高贵的人以能平易近人为美德，平凡的人以无视权势为美德。

※ 评注

以上这四句话，无非是让人遵行重仁义、轻势利的道德要求。人生在世，是要有高尚的精神境界的，“贫贱不能移，威武不能屈，富贵不能淫”就是古代圣贤君子坚持的道德标准。虽然生活贫困，但志向坚定，即使生活富裕，也不忘救济他人；虽然身份低微，但不向恶势力卑躬屈膝，即使身份高贵，也不仗势欺人，恃强凌弱，这样的人就可以说是时代精神的实践者和倡导者。

护体面，不如重廉耻。

求医药，不如养性情。

立党羽，不如昭信义。

作威福，不如笃至诚。

多言语，不如慎隐微。

博声名，不如正心术。

恣豪华，不如乐名教。

广田宅，不如教义方。

※ 译文

爱护自己的面子不如注重廉耻。寻求医药不如培植性情。结交党羽不如昭示信义。作威作福不如诚恳纯厚。言语过多不如谨慎行事。博取名声不如端正心术。恣意于奢侈淫逸不如从名教中自取其乐。广置田宅不如给儿孙多积阴德。

※ 评注

自尊是要有的，但是过于看重自尊就成了贪慕虚荣之人，这样往往会导致死要面子活受罪的恶果。药补不如心补，想要拥有健康的体魄，关键还在于要有一个健康的心态。病从口入，祸从口出。言语过多没有什么好处，当讲则讲，不到开口时就保持沉默，如果胡言乱语，就可能会给自己带来不必要的麻烦。空有好声，却无善行，终有一天，会显露虚伪的原形，遭到众人的疏远。为子孙广积钱财田产，不如教给他们谋生的本领，这样才能使家道持久殷实。

行己恭，责躬厚，接众和，立心正，进道勇，

择友以求益，改过以全身。

※ 译文

行为恭敬谦逊，待人亲切厚道；与人处事平和，心意公平正直；学圣贤之道，勇于进取；择友要对自身有益，改正自身错误去追求完美。

※ 评注

古之圣贤君子之所以名传后世，根本就在于他们能知错必改，为人极为谦逊公正，做事公平正直，交的是志同道合的朋友，追求学问孜孜不倦，才成就了一世美名。而一般的凡夫俗子则是忌讳别人指出自己的过失，认为那是自己的耻辱，从而无法渐趋

完美，最终归于下流，平庸一生。

敬为千圣授受真源；
慎乃百年提撕紧钥。

※ 译文

恭敬才是处世圆滑的根源，谨慎方为百年警觉自身的关键。

※ 评注

“提撕”在此为提醒、警觉的意思。《颜氏家训·序致篇》中有：“吾今所以复为此者，非敢轨物范世也，业以德齐门内，提撕子孙。”这句话的意思是：现在我之所以要重写此书，并非敢要以此来规范世人的言行，而只是用来整顿家风，提醒和教育子孙后代罢了。

人往往习惯于盯住别人的错误，而常常忽略自己也有同样的毛病。自己都改不了的缺点，又有什么资格责备别人呢？因此，当看到别人的错误时，需要冷静客观的态度，先自省，然后再作决定，这才是明智之举。

度量如海涵春育，应接如流水行云。
操存如青天白日，威仪如丹凤祥麟。
言论如敲金戛石，持身如玉洁冰清。
襟抱如光风霁月，气概如乔岳泰山。

※ 译文

度量要如大海般能容纳一切，如春风般滋润万物，处事应当如行云流水般明朗。节操像青天白日般光明，威仪如丹凤和麒麟般吉祥。言语如敲金击石般振振其辞，修身如玉洁冰清般纯洁。胸襟抱负有如和风明月般和蔼，气概则如泰山般崇高。

※ 评注

一个宽容的人，到处可以契机应缘，和谐圆满，笑对人生。宽容也是一种无声的教育，常言道：强闯少不免逆流，柔弱似水的人却可以载舟。因为柔弱之人以宽容之心化解了诸多矛盾与仇恨，以博大的胸怀容忍了生活中的不平遭遇。

海阔从鱼跃，天空任鸟飞，
非大丈夫不能有此度量！
振衣千仞冈，濯足万里流，
非大丈夫不能有此气节！
珠藏泽自媚，玉韫山含辉，
非大丈夫不能有此蕴藉！
月到梧桐上，风来杨柳边，
非大丈夫不能有此襟怀！

※ 译文

辽阔的大海任鱼儿翻腾，高远的天空任鸟儿翱翔，不是大丈夫是不会拥有这般气量的。在千尺高山上弹去衣服上的灰尘，在万里河流中洗自己的脚，不是大丈夫是不会拥有这种气节的。珍珠藏于水底自会显露它的色彩，玉石置于山中自会显示它的光辉，不是大丈夫是不会拥有这种蕴涵的。观梧桐树上的月亮，听风吹杨柳的声音，不是大丈夫是不会拥有这种襟怀的。

※ 评注

“海阔凭鱼跃，天高任鸟飞。”只要我们有着不懈的动力和追求精神，就一定会战胜所有困境，找到一片属于自己的天空，并在这片天幕中挥洒出属于自己的生命彩影。相信自己，只要付出努力，就一定会有收获。如果你真是一个有才华的人，就不要害怕找不到用武之地，就如那钻石一样，黑暗的埋没总有一天会结束，尽管黑暗的日子是难熬的，但只要你坚定自己的信念，等待太阳的希望之光出现后，便可以绽放出自己的光彩了。

处草野之日，不可将此身看得小；
居廊庙之日，不可将此身看得大。

※ 译文

身处朝廷之外时不要看轻了自己；身处朝廷之中时也不要看高了自己。

※ 评注

以上这句格言与范仲淹的“处庙堂之高则忧其民，处江湖之远则忧其君”有异曲同工之妙。当身处民间时且不可小瞧了自己，只要肯为百姓多做善事，多谋幸福，无论身份多低微都不会影响自己名垂千古，流芳百世。在朝廷之上为官从政，也不能自高自大，轻视百姓。如果不为百姓排忧解难、秉公办事，却利用手中权力为非作歹，徇私舞弊，即使地位再高也终会落个千古骂名。

只一个俗看头，错做了一生人；
只一双俗眼睛，错认了一生人。

※ 译文

只因为一个庸俗的念头，一生所做之事便全部错了；只因为一双庸俗的眼睛，一生中便把敌人错当成朋友。

※ 评注

古语云：凡病皆可医，惟俗不可医。“俗”代表着愚钝、落后、顽固，等等，俗人多因思想僵化而因循守旧，不思进取，对待问题不懂变通把握，灵活处理。所以，庸俗之人经常因禁锢的思想而束缚了手脚。更让人可悲的是，有些人有时忠奸不分、好坏不辨，做了一辈子的错事，到最后还不明白其中原委，真可谓糊涂一生呀！

心不妄念，身不妄动，口不妄言，君子所以存诚。
内不欺己，外不欺人，上不欺天，君子所以慎独。
不愧父母，不愧兄弟，不愧妻子，君子所以宜家。
不负国家，不负生民，不负所学，君子所以用世。

※ 译文

没有不正的念头，不做不规矩的动作，不胡言乱语，所以君子的一切行为皆存诚信。不欺骗自己，不欺侮他人，对上不欺瞒君主，这就是君子能谨慎独处的原因。不愧对父母、兄弟、妻子、儿子，这样的君子也就无愧于家人了。不辜负国家所托，不辜负平民百姓的拥戴，不辜负所学得的知识，这样的君子必能承担得起社会重大的责任。

※ 评注

何为君子？以上的文字给了我们最好的答案。在个人言谈举止上不胡言乱动，在思想上始终保持纯正的想法；对待他人公平诚实，不欺骗侮辱，对待君王忠心耿耿；对待家人要孝悌两全，孝敬父母，爱护兄弟，对妻子儿女要体贴照顾；对国家所托付的重任要尽力去完成，对得起国家百姓和自己的才能。这些都是具有高尚道德情操的君子所为。

以性分言，无论父子兄弟，即天地万物，皆一体耳！
何物非我，于此信得及，则心体廓然矣。
以外物言，无论功名富贵，即四肢百骸，亦躯壳耳！
何物是我，于此信得及，则世味淡然矣。

※ 译文

就天性而言，无论父子兄弟还是天地万物，都是一体存在的，什么东西与我不同呢？能相信这一点的人，他的身心自然清朗。对外物而言，不论功名利禄还是身体四肢，只不过是躯壳罢了，有什么东西是我们本身的呢？能够悟透这一点，就会淡然处事了。

※ 评注

在漫长的人类历史中，我们的生命显得那么短暂，在浩瀚的宇宙中，我们也好似沧海一粟，微不足道。回想自己的亲人及万事万物，与我们又有什么本质的不同呢？身死之后，拥有的一切都会随之烟消云散，最终一无所有。可世间还有那么多人在极力追求功名利禄和身体上的愉悦，虽然得到了一时的享受，可付出的却很可能是大半生的疲惫。如果能够看透生命的本源，珍惜短暂的生命，倒不如放下执着与妄念，心境安然地去享受生活中的分分秒秒。

有补于天地曰功，有关于世教曰名，
有学问曰富，有廉耻曰贵，是谓功名富贵。
无为曰道，无欲曰德，无习于鄙陋曰文，
无近于暧昧曰章，是谓道德文章。

※ 译文

对天地万物有所增益称为功，有关于世道说教称为名，有学问为富，懂得礼义廉耻为贵，这就是功名富贵。无所求称为道，无所欲称为德，没有世俗的恶习称为文，处事有原则称为章，这就是道德文章。

※ 评注

平常人多怀着一种不求有功、但求无过的处世态度，虽然这种观念有点消极，但确实可以让自己活得坦然自在。这样的人表面看似无功，其实他们的无过也是一种功劳。拥有无数的钱财可以满足物质上的需求，但无法弥补精神上的空虚，唯有学问才可以让生活过得更充实。

困辱非忧，取困辱为忧；
荣利非乐，忘荣利为乐。

※ 译文

困苦受辱不值得忧虑，而自取困辱才值得忧虑；荣誉利益不是快乐，忘记荣利才是最快乐的事。

※ 评注

由圣贤君子看来，人的欲望是痛苦的源泉，天理才最让人心情舒畅。小人却正好相反，他把追求自己心中的欲望当作快乐，而对天理却熟视无睹，经常做些违背天理之事。这也就是君子与小人的区别，君子心中无欲无求，心无牵挂，所以生活得快乐坦然，而小人则一心盘算着心中的欲望，整天生活于争名夺利之中，少有宁日，身心疲惫不堪。

热闹荣华之境，一过辄生凄凉；
清真冷淡之为，历久愈有意味。

※ 译文

热闹繁华的光景过后就是空虚凄凉的感觉；淡泊脱俗的行为才能历久而回味无穷。

※ 评注

能够参透万物的事理，其中的快乐便会自然显现。除去事物外在华美的装饰，就能看到它的本质所在，从而进一步掌握事物发展的规律。花开花谢，云卷云舒，都是自然界本身的变迁，是人力无法左右的，为花开而喜，为花谢而忧，只能是庸人自扰，以淡然的眼光和超然物外的情怀去审视大自然，我们才会品出玄妙世界的趣味，不再为之感伤忧虑。

心志要苦，意趣要乐，气度要宏，言行要谨。

※ 译文

要有劳苦的心志，乐观的意志，宏大的气度，谨慎的言行。

※ 评注

古语有云：天降大任于斯人也，必先苦其心志，劳其筋骨，饿其体肤。拥有顽强而又百折不挠的心志是一个人成事的基础。乐观是面对人生的最好态度，塞翁失马，焉知非福？不经历风雨，又怎能见到美丽的彩虹？人生路没有一帆风顺的，虽然脚下的路崎岖不平，但前途永远是光明的。宽宏大量体现的是一个人的胸怀气度，忍别人所不能忍，容别人所不能容，你就比别人高一筹，因为忍耐使你避免了许多麻烦，而宽容使你的襟怀变得更为开阔。谨小慎微的言行表现的是为人处事的一种方法，它并不代表遇事缩手缩脚，犹豫不决，而是深思熟虑后的胸有成竹。

心术以光明笃实为第一，
容貌以正大老成为第一，
言语以简重真切为第一。

※ 译文

用心最重要的是要光明坦诚，外表最关键的是要正直沉稳，言语最重要的是要简洁诚恳。

※ 评注

心术有正邪之分，能正大光明、坦然诚恳地运用心术定会得到社会民众的认可和支持。如果心术不正，暗中使用一些危害社会的心术，必然会遭到抵制。如果一个人的外表显得正直稳重，定会给人留下气度不凡、涵养高深的印象；可要是举止轻浮，目光游移不定的话，必会使人认为缺少家教与修养，从而心生厌恶之感。言辞是一个人道德修养的重要表现之一，如果言语简洁明快，且显得真实诚恳，定会给人留下深刻的印象，可要是说话吞吞吐吐或是故意夸大其词，必会让人怀疑自己能力不够或是人品有瑕疵。

勿吐无益身心之语，勿为无益身心之事，
勿近无益身心之人，勿入无益身心之境，

勿展无益身心之书。

※ 译文

不说对自己身心无益的话，不做对自己身心无益的事，不与对自己身心无益的人交往，不走进对自己身心无益的场所，不阅读对自己身心无益的书籍。

※ 评注

朋友有好坏之分，如能交些志同道合的高雅之士，必能增益我们的品德与学问，如果交的是些狐朋狗友，必会使自己落于庸俗，深受其害。所以说：交朋不如择友，朋友多不如朋友精。外界的环境对一个人的影响是巨大的，孟母三迁，才成就了孟子这位著名的儒学大家。如果成天生活于灯红酒绿之中，醉心于对欲望的追求，必会使自己沉沦颓废下去。书籍也有优劣之别，读一本好书就如同交到了一位挚友，寻访到了一位名师，必会让自己受益匪浅；如果是一本有害于身心的书，也定会引导人误入歧途，走上邪路。

此生不学一可惜，此日闲过二可惜，
此身一败三可惜。

※ 译文

人一生不学习，一天闲过，一事无成，这便是人生三件可惜之事。

※ 评注

少壮不努力，老大徒伤悲。这是千古良训呀！每个人都要时刻检点自己的行为，一天的事做完后，回想自己所说的话，哪些关系到身心的利害；回想自己所做的事，哪些符合盛世之道。

自慊、自愧、自悟都能使我们有深刻的觉醒。人如果能够从内心反省到这种地步，就决不会虚度此生。年少之时，如能检点一下自己在干些什么，到头来成个什么样的人，就会使自己少做错事，多有悔恨之心，不会愧对亲人的期望和可贵的光阴。

君子胸中所常体，不是人情是天理；
君子口中所常道，不是人伦是世教；
君子身中所常行，不是规矩是准绳。

※ 译文

君子心中经常体会到的不是人情而是天理；君子口中经常提到的不是人伦世故而是世间法理；君子常有的行为不是规矩而是行为所依据的准绳。

※ 评注

现在很少有人去身体力行地做自己的事，更多的是聚拢在一起闲谈，但是又很少能够听到他们议论国家大事、身心性命、正经道理之类的话题。他们一天到晚也没有停息的时候，满口都是胡言乱语。那些天地间所谓的士君子难道都是这样度日的吗？出自儒家之门的真正君子重天理、不重人情，他们秉公办事，光明正大地做人；为人处世都有心中所依据的准绳和世间的公道之理，而不是受规矩的束缚和人伦世故的影响。

休诿罪于气化，一切责之人事；
休过望于世间，一切求之我身。

※ 译文

不要把责任归罪于天地阴阳的变化，一切都是由人事造成的；不要对世人抱有过高的奢望，一切都应求助于自身来解决问题。

※ 评注

俗话说：种瓜得瓜，种豆得豆。有什么样的种子，就会结什么样的果实。处理任何事情也是如此，付出几分努力就会有几分收获，无论遇到什么样的结果，都是由自己一手造成的，怨不得别人。做事最主要的是要靠自己的力量，而不是想着依赖他人的帮助，因为有些事是别人无法代替的，所以我们要养成自力更生的好习惯。人生这场戏的主角就是我们自己，有什么不懂的地方可以向人请教，但绝对不能找人代唱，生活不是拍戏，而是要我们脚踏实地走过。

自责之外，无胜人之术；
自强之外，无上人之术。

※ 译文

除了自责之外，没有能胜过他人的方法了；除了自强不息之外，没有能超过他人的方法了。

※ 评注

自责对自身来说是一种醒悟，一种认识错误后的悔过与改正，他能够完善自身，提高道德修养与思想水平。自强不息代表着一种勇于攀登、不肯服输的奋斗精神，唯有这种精神才可以激励自己去战胜挫折与困境，使自己取得比他人更卓越的成就。

书有未曾经我读，事无不可对人言。

※ 译文

有不曾阅读过的书，却没有不可对他人讲的话。

※ 评注

学无止境，世间的知识无穷无尽，所以求取学问要持之以恒，稍有松懈，就会落到他人后面，所以说有不了解的学问、不曾读过的书。而生活中的事情却正好相反，那些行得正、坐得端的人，什么事情都不怕他人知晓，有什么值得隐瞒的呢？他们不像那些心术不正的人，经常做些苟且之事，害怕被人发现而带来麻烦。

闺门之事可传，而后知君子之家法矣；
近习之人起敬，而后知君子之身法矣。

※ 译文

家中的事情可以向他人提及，这样才知道君子的家法是如何的端正无瑕；对待周围的人恭敬谦逊，才能够了解君子的规矩与修养。

※ 评注

君子之家的家法公正无私，家风淳厚朴实，堪称他人学习效仿的模范之家，又有什么事情不能向他人提起的呢？君子的品德修养是高是低，是在与他人的交往中显现出来的，如果一味地闭门家中坐，不问世事，表面是清高之士，但与真正的君子之风还是不可同日而语的。

门内罕闻嬉笑怒骂，其家范可知；
座右遍陈善书格言，其志趣可想。

※ 译文

听不到家门中的嬉笑怒骂，就能知晓这家的家风端正严明；书桌满是座右铭和格言，就证明此人定是个志趣远大之人。

※ 评注

平常之人居家，桌案上最好有几本劝善书，像先贤格言之类的书籍，最好每天都看上几页，以收摄自己的身心，广施善行，而后教导子孙诸弟，要传承发扬下去，这才是最关键的。作为子弟的父兄，就应当以格言为育人之论，每天使他们盈耳充腹，培养自己的性情，这样必能使子弟志趣高远，有所成就。

慎言动于妻子仆隶之间，
检身心于食息起居之际。

※ 译文

即使对待妻室子女和仆人，也要时刻谨慎自己的言行；在饮食起居的日常琐事中，也要时刻检点自己的身心修养。

※ 评注

言语不慎，自检不到，这两件事往往是常人忽略的两个方面。言语过多，经常会惹出许多事端；自检不到，经常犯下一些过失。所以人们应当时刻警惕这两方面，平时在言辞上要多加谨慎，对生活中微不足道的小事也要反躬自省，切不可因小失大。

语言间尽可积德，妻子间亦是修身。

※ 译文

与人说话时尽可以积德，与妻子儿女相处时尽可以修养自己的身心。

※ 评注

同样一件事，有人可以把它说得清晰透彻、鞭辟入里，而有人却词不达意，让人不知所云；同样是赞美，有人说来让人心花怒放，而有人说来则使人如食蝇蚊，使人有恶心感。同样是批评，有人说来可以使人心悦诚服，甚至感激涕零，而有人说来则会让人勃然大怒，甚或拳脚相向。所以说，言辞运用好了，就能积聚德行，运用不好，就会带来灾祸。

昼验之妻子，以观其行之笃与否也；
夜考之梦寐，以卜其志之定与否也。

※ 译文

白天从妻子儿女的反应来省察自己的行为，以看其是否淳厚诚信；晚上可以考察睡梦，以推测其志向坚定与否。

※ 评注

最了解自己的还是家人，如果能够得到妻子儿女的称赞，那就证明此人必定在品行道德方面错不了，如果连至亲至爱的家人都指责疏远他，也就表明此人必定有诸多缺陷。所以若妻子指责，则应当及时地检点自身，改正错误。一个人行事光明磊落，无愧良心，晚间必能安然入睡，一夜好梦。如果暗中为非作歹，即使侥幸逃过一劫，晚上也会寝食难安，噩梦不断。

欲理会七尺，先理会方寸；
欲理会六合，先理会一腔。

※ 译文

想要端正自身行为，首先要端正自己的内心；想要处理好天下大事，首先要处理好身边小事。

※ 评注

欲正人者必先正己，己身不正何以正人？人佩服的都是强者，确切地说，是比自己强的人。有些事情自己都做不到，却一味地强求别人去完成，这样只会失去人心，让人无法信服。只有自己做到了，我们才有资本向别人提出要求。一屋不扫，何以扫天下？连自己身边简单的事情都做不好，却一心想着成就大的事业，这无异于隔着梯子上房，最终会摔伤自己。

世人以七尺为性命，
君子以性命为七尺。

※ 译文

世俗的人以自身性命为性命，而君子则以万物的性命为自身之体。

※ 评注

世俗之人目光短浅，只知追求自己生活领域内的快乐，珍惜自己的生命，却不知自己的生命是寄于万物之中的。君子则正好与凡夫俗子的看法相反，他们把自然万物的生命视为自己的生命，懂得爱惜万物就是在爱护自己，也正是这种博爱的胸怀才成就了君子的美名。

气象要高旷，不可疏狂。
心思要缜密，不可琐屑。
趣味要冲淡，不可枯寂。
操守要严明，不可激烈。

※ 译文

为人的气度要高远宽宏，但不可以粗疏狂妄。心思要缜密，但不可以琐碎。趣味要淡雅，但不可枯燥无味。操守要严明，但不可以过于激烈。

※ 评注

为人处事宽宏大量表明胸襟开阔，但要是过于宽容，处于一种无纪律、无约束的状态，必会使人心生懈怠，养成懒散的习性。心思缜密可以减少失误率，但不管多小的事都精打细算、斤斤计较的话，也必会费神劳力，付出许多徒劳的精力。对人对事都能淡然处之，不为之彷徨失措，不为之失去主见，确是一种高雅的生活方式。但如果面对一切都是一副无所谓的样子，甚至不理不睬，认为天下之事都与己无关，这就是一种消极的人生态度了。严守自己的道德情操固然是件好事，但如果过于激烈，也可能会出现物极必反的恶果。

聪明者戒太察，
刚强者戒太暴，
温良者戒无断。

※ 译文

聪明的人忌讳过于明察，刚强的人忌讳过于暴躁，温和的人忌讳优柔寡断。

※ 评注

聪明的人有时过于精明，结果很可能聪明反被聪明误。“画蛇添足”故事中的主人公不可谓不聪明，因为他首先画完了蛇，自以为高人一等，便又想起为蛇画脚来，结果失去了那壶酒。刚强的人正直勇敢，但性格有时过于鲁莽暴躁。三国名将张飞的死亡不能不说与之火爆的脾气有一定的关系。温和的人多慈祥仁义，但在遇事时易犹豫不决，瞻前顾后，不能果断行事，从而失去了不少好时机。真可谓：当断不断，反受其乱。

勿施小惠伤大体，毋借公道遂私情。
以情恕人，以理律己。

※ 译文

不要因为施以小的恩惠而伤害集体，不要假公济私。要依情理宽恕他人，以道理约束自己。

※ 评注

为了达到自己不可告人的目的，在暗中向他人施以小恩小惠，虽然使某些人得到了好处，但从大局来看伤害的是更多人的利益。明里打着为公众谋利益的幌子，暗中却捞取个人私利，这两类人是最为可耻的。宽容他人要有依据，如果不分青红皂白地宽恕，就容易助长坏人的恶势力，危害社会的安宁。只有视具体情况而定，当宽则宽，当严则严，才能让人信服，产生威信。

以恕己之心恕人则全交，
以责人之心责己则寡过。

※ 译文

以宽恕自己的心态宽恕别人，那么知己好友就会越来越多；以责备他人之心责备自己，自己的过错就会很少。

※ 评注

有容人之量，方显君子之风，能容纳自己的错误那是偏爱，是自私。能容下他人的错误，这才是博爱，是宽容。宽容就要学会与人分享，只有共同把蛋糕做大，才能分得更多的份额。人与人之间本该多一些宽容和谦让，但却在互不相让中争得你死我活，实在是人世间的悲哀。

力有所不能，圣人不以无可奈何者责人；
心有所当尽，圣人不以无可奈何者自诿。

※ 译文

尽力而为但没有成功，圣人是不会苛求责怪于人的；本应尽心但没有尽心，圣人是不会推诿自己应负的责任的。

※ 评注

事情并不都会达到理想的境地，只要我们尽心尽力去做了，不管结果如何，心中也应无怨无悔了。世上本无完美的事物，求全责备只会招来他人的怨恨，只有理智地审视问题，我们才能客观公正地做出评价。本来有能力做好的事却因一时的疏忽而错失了良机，当面对这种情况时，有的人故意躲避、推卸责任，而真正的君子则会勇于面对、敢于承担。

众恶必察，众好必察易。
自恶必察，自好必察难。

※ 译文

他人的好恶缺点容易观察得到，但自身的缺点好恶就难以发现了。

※ 评注

看清别人容易，但公正地评价自己就困难了。路遥知马力，日久见人心。他人的好坏优劣，时间长了，总能通过日常生活中的言行举止表现出来。可对于自身来说，因个人的偏爱、纵容，甚至是包庇隐瞒，能够认清自我的人却是很少的。曾记得一句话：人贵有自知之明，一个连自己都看不清的人，是无法在世上立足的。

见人不是，诸恶之根。
见己不是，万善之门。

※ 译文

只看到别人的短处，看不到自己的缺点，这是万恶之源；能看到自身的缺点，这才是良好品德的根本。

※ 评注

大多数人只能看到别人的长处，看不到自己的过错，这是为学之人的通病，也是制约自身突飞猛进的原因。只见他人短处，就无法虚心学习他人的长处；只见自身的长处，就无法改正自身的缺陷，这样又怎能使自己的学问、德业更上一层楼呢?

不为过三字，昧却多少良心！
没奈何三字，抹去多少体面！

※ 译文

不犯过错，有多少人为此蒙蔽了良心？无可奈何，有多少体面以此为借口？

※ 评注

谁都不想犯错误，可一旦犯下了错误又该怎么办呢？有不少人会极力掩饰，甚至不择手段地嫁祸他人，这样虽然表面得到了他人的称赞，但暗中却使自己遭受良心上的谴责。爱慕虚荣，贪图好的名声，其实都是为了获取个人利益，这些虚伪的举动是无法欺骗世人的，即使能够瞒过一时，也不能够瞒人一世。

品诣常看胜如我者，则愧耻自增；
享用常看不如我者，则怨尤自泯。

※ 译文

经常看到修养品德胜过自己的人，就会增加羞耻愧疚之心；经常看到物质生活不如自己的人，埋怨之意自然就会消失。

※ 评注

近朱者赤，近墨者黑。经常与道德高尚的人接触，定能提高自己的修养，经常与鸡鸣狗盗之士为舞，也必会沾染许多不良习气。与品德高尚之人相处，当我们看到自身的不足时就会心生羞愧之感，从而使自己立志上进，追赶强者。当对生活不满的时候，就要体味一番贫穷人的生活，从而使自己懂得珍惜来之不易的幸福生活。

家坐无聊，当思食力担夫红尘赤日。
官阶不达，尚有高才秀士白首青衿。

※ 译文

家中闲坐无聊之时，不妨静心细想，有人为了自己的生计而在炎炎烈日下忙碌。为官不能飞黄腾达，要想到还有很多怀才不遇之士白了头依然是平民百姓。

※ 评注

心中滋生懈怠的念头时，就要想到天下还有很多人在为生活奔波忙碌着，其中有些人甚至仅只是为了生存，因为他们的生活太艰难了，连自己的衣食之需都得不到满足。想到这些，我们便会始终保持一股昂扬的激情去面对生活，为天下百姓谋利益。当你这匹千里马为碰不到伯乐而愤愤不平时，不妨想想自古至今那些怀才不遇的人，虽然他们没有走上仕途，没有获得显赫的权势，但通过自己的奋斗，他们依然能够流芳百世，受到后人的推崇。为什么呢？因为人一生中所取得的成就不在于拥有的权势和地位，而在于自身的努力。

将啼饥者比，则得饱自乐；
将号寒者比，则得暖自乐；
将劳役者比，则优闲自乐；
将疾病者比，则康健自乐；
将祸患者比，则平安自乐；
将死亡者比，则生存自乐。

※ 译文

与那些叫喊饥饿的人相比，能吃饱饭就成了很快乐的事；与那些呼叫寒冷的人相比，那些能够得到温暖的人就很快乐了；与那些服劳役的人比，那些悠闲的人就很快乐了。与那些身患疾病的人相比，那些拥有健康的人就很快乐了；与那些遭遇祸患的人相比，那些平安无事的人就很快乐了；与那些死去的人相比，活着的人自然就很快乐了。

※ 评注

人要学会知足，这样你才会快乐。贪得无厌的人得到的多，失去的也多，到头来只是一场空。知足是人生中最大的快乐，它可以让你年轻，也可以让你幸福，更重要的是，能让你心胸宽广。以上几条皆是养生之法，说的就是如何知足常乐。在现实生活中，如果我们不去关注银行的存款、职位的升迁，不那么过分地计较得与失、付出与回报，那么幸福就在你身边。只要昂首向前走，幸福就会一直跟随着你。

常思终天抱恨，自不得不尽孝心。
常思度日艰难，自不得不节费用。
常思人命脆薄，自不得不惜精神。
常思世态炎凉，自不得不奋志气。
常思法网难漏，自不得不戒非为。
常思身命易倾，自不得不忍气性。

※ 译文

常想到会悔恨终生，就不能不尽孝心。常想到度日的艰难，就不得不节约费用。常想到人生命的脆弱，就不得不珍惜自己的身体。常想到世态人情，就不得不奋发有为。常想到法网恢恢，疏而不漏，就不得不想到自己的胡作非为。常想到生命的易失，就不得不忍气吞声。

※ 评注

只言片语悟前生，反躬自省重做人。如果能够时常反省自身，检点自己的所作所为，必会少犯错误。在艰难的生活中才能够养成勤俭节约的好品质，懂得了生命的短暂和时光的易逝，才会珍爱自己的生命和宝贵的时间，明白了天道好还的道理，才会使自己在为人处事时谨慎小心，不做违背天理的事。

以媚字奉亲，以淡字交友，
以苟字省费，以拙字免劳，
以聋字止谤，以盲字远色，
以吝字防口，以病字医淫，
以贪字读书，以疑字穷理，
以刻字责己，以迂字守礼，
以狠字立志，以傲字植骨，
以痴字救贫，以空字解忧，
以弱字御侮，以悔字改过，
以懒字抑奔竞风，以惰字屏尘俗事。

※ 译文

用媚字奉养亲人父母，用平淡之心结交朋友，用将就节省花费，用补拙免除劳力，用聋字免除诽谤，用盲字远离美色，用吝字防止言语过多，用病字医治淫欲，用贪字读书，用疑字追求真理，用苛刻责备自己，用迂字遵守礼仪，用狠字立志向，用傲字树立威信，用痴字救济贫困，用空字解脱忧烦，用弱字抵御侮辱，以悔字改正错误，以懒字控制奔走竞争，以惰字隔除庸人俗事。

※ 评注

君子之交淡如水，小人之交常戚戚。一颗心平淡安宁，无欲无求，结交朋友完全凭借纯洁的情谊，这样才能得到真挚的友情。同样的道理，用勤奋就能够弥补笨拙带来的落后；对非礼之人装聋作哑，不予理睬，反倒能消除对我们的诽谤；用不满足的心态读书，带着怀疑的精神追求真理，定能学有所成，求得真知。依此类推，对自己应严格要求，对强者以柔弱视之，对错误痛改前非，对志向坚定不移，对礼节入乡随俗，这所有的一切都会使我们受益匪浅。

对失意人，莫谈得意事；
处得意日，莫忘失意时。

※ 译文

对失意的人不要谈论得意的事；自己身处得意之时，也不要忘记失意的日子。

※ 评注

打人不打脸，说长不揭短。当着失意之人且不可谈论自己的得意之事，这样只会使对方更加伤心。得意时不忘乎所以，不被眼前一时的顺境冲昏了头脑，而是能够始终保持清醒的认识，不忘曾经所遇的苦恼，懂得失意打击是人生必经之事。时常提醒自己要居安思危，心存忧患意识，这样才会使事业通达顺畅。

贫贱是苦境，能善处者自乐；
富贵是乐境，不善处者更苦。

※ 译文

贫贱是苦难的境界，如果能够妥善处理，苦中也可品尝到一丝乐趣；富贵是快乐的境地，如不能很好地对待富贵的人，也会乐极生悲。

※ 评注

身处幸福生活之中，说自己活得很快乐，这是天经地义的事，因为幸福是人人都向往的，是人一生中最大的梦想。如果生活是贫穷卑贱的，那又当如何呢？是沉沦颓废，还是苦中作乐？这就完全取决于人的心态了。悲观之人想到的是再无出头之日，于是便得过且过起来，失去了上进的动力。而乐观之人想到的是车到山前必有路，只有忍一时之苦，将来才能出人头地。

恩里由来生害，故快意时须早回头；
败后或反成功，故拂心处莫便放手。

※ 译文

恩泽之中容易生出怨恨，所以高兴得意之时须早早回头；失败后有可能转向成功，所以失意时切不可轻易松手。

※ 评注

自己有恩于别人，本应得到感谢，但得寸进尺之人则认为这是你应尽的责任，甚至期盼你更多的救助，于是施恩之主与受恩之人间便产生了隔阂与矛盾。物极必反，月盈则亏。成败之间的关系也是如此，人生中所取得的成功是建立在不断失败的基础之上的，失败是在一次次地夯实地基，只有地基牢固了，我们才能建起合格的高楼大厦。

深沉厚重，是第一等资质。
磊落雄豪，是第二等资质。
聪明才辩，是第三等资质。

※ 译文

深沉稳重、忠信笃行，是最好的品质。光明磊落、豪迈雄健，是第二等的资质。聪明伶俐、雄才多辩，是第三等的资质。

※ 评注

为人、处事、才能，三者的重要性各有不同。为人是第一学问，做人沉稳老练，忠厚守信，即使才能不足，依然能够得到认可与任用，因为他们的人品是成事的最好保证。做事干脆利落、有胆有识、性情豪迈奔放，这样的人办事效率高，也深得器重。还有一类人聪明绝顶、才思敏捷、极富口才，但并不被他人看好，原因就是说得再好也无济于事，因为说与做是两码事。更何况，过于精明之人往往会束缚了自己的手脚，结果也只能是聪明反被聪明误了。

上士忘名，中士立名，下士窃名。
上士闲心，中士闲口，下士闲门。

※ 译文

上等的士人忘记名誉，中等的士人建立名誉，下等的士人窃取名誉。对于繁杂之事，上等的士人内心无欲无求，中等的士人保持沉默寡言，下等的士人则是闭门不出。

※ 评注

心是人行为处事的根本，心到才会意到，意到而后支配自身的行动。佛教教义讲求的就是不立文字，直指人心。通过对心性的观察，便能得出士人自身修养的高低来。上等士人心清性明，不为外物所扰，在他们心中，世间万物没有分别，名誉这虚无缥缈的东西更不会放在心上了。那些对世事有牵挂的人，则极力追求功名利禄，还有一些人甚至采取卑鄙的手段窃取，即使得到了一时想要的名誉，但失去的却是道德与人品，最终只会遗臭万年。

好讦人者身必危；自甘为愚，适成其保身之智；
好自夸者人多笑；自舞其智，适见其欺人之愚。

※ 译文

喜欢攻击他人的人，常危及自身，如果自甘为愚人的话，则愚恰恰成了保全其身的智慧之经；喜欢自夸的人多因自我吹嘘而遭人耻笑，自认为得计耍些小聪明，却恰恰表现出自欺欺人的愚昧。

※ 评注

吃亏也是一种投资。一项集体劳动，自己比别人多干了一些，等到利益分享时，自己又少得了一些。表面看起来，我们吃亏了，其实不然，我们用自己的忠厚与宽容得到了更多人的尊重与爱戴。无论干什么工作，都要能沉下心来，踏踏实实地去做，你需要的是耐心而不是吹嘘。自以为精明能干，便想玩弄手段不劳而获，虽然有一时得逞的时候，但也总有露出狐狸尾巴的时候，到那时，失去的很可能是全部。

闲暇出于精勤，恬适出于祗惧。
无思出于能虑，大胆出于小心。

※ 译文

闲暇从勤劳中得来，安逸舒适从恭敬畏惧中得来。无思无虑，是源自善于思考，有胆有识是来自小心翼翼。

※ 评注

一个勤于思考的人，能够未雨绸缪，在做事之前便已经预料到可能出现的困难与挫折，并且事先还做好了解决困难的准备与方法。周密的安排，事前的准备，又哪里来的烦恼与忧虑呢？做事胸有成竹的人，表面给人的感觉是胆量过人，其实还是源于心底的谨慎小心。正是因为小心处事，不至于犯大的过错，才会在做事时有把握，有胆识。

平康之中，有险阻焉。
衽席之内，有鸩毒焉。
衣食之间，有祸败焉。

※ 译文

平静安宁中往往隐藏着凶险，卧席之上也可能有剧毒，与衣食住行相关的小事，也有可能导致意想不到的祸患。

※ 评注

衽席在此即指卧席，引申为睡觉的地方。在《庄子·达生》中有："人之所取畏者，衽席之上，饮食之间，而不知为之戒者，过也。"祸患的来临，不是在于自己的能力不够、意识不强，关键还是因粗心大意造成的。明哲之士，十分注重自身的修养，无论多么细微的事情都不放松自我要求，所以才能始终洁身自好，不犯过失。

居安虑危，处治思乱。

※ 译文

居于安宁的生活中要考虑到危险的境地，身处治世之时要想到祸患随时有可能发生。

※ 评注

凡是那些自我约束不严之人，即使触犯了刑法也不感到忧虑，逃过了法律的追究也不知道有愧，这样的人终究会因自己的疏忽遭遇更多的磨难。每个人都是有欲望的，如果任欲望发展，不加制止的话，必将给自己带来祸患。只有时刻控制自己的思想，才能保证不犯过错。保持长治久安的局势确实是世人的共同梦想，但安宁的生活、稳定的时局是不会永恒的，这就要求我们要时常心存忧患意识，且不可因一时的顺境便产生懈怠，放松警惕。

天下之势，以渐而成；
天下之事，以积而固。

※ 译文

天下稳定或动荡的局势，是慢慢形成的；天下的所有大事，都是从一点一滴开始积累的。

※ 评注

荀子曾说："不积跬步，无以至千里；不积小流，无以成江海。骐骥一跃，不能十步，驽马十驾，功在不舍。"防微才可杜渐，只有防止小过错的产生，才能保证自己将来不犯大错误。回顾历朝历代的兴衰荣辱，无一不与"积渐"二字有着密切联系。君子对自身小的过失都不放松自检，而是谨慎小心地对待，以防因小失大，这样才会学有所成，事有所就。

祸到休愁，也要会救；
福来休喜，也要会受。

※ 译文

遇到祸患不要忧愁，关键要学会补救；遇到福分不要窃喜，关键要学会如何享受。

※ 评注

祸患来临时不怨声载道，不愁眉不展，更不能借酒消愁、对生活失去信心。而应该挺起胸膛坚强地面对，相信自己能够战胜道路上的一切困难。福分降临时也不要喜不自胜，忘乎所以，更不可滋生骄傲卖弄之心，只有安危处之，珍惜福分，才会使福禄保持长久。

天欲祸人，先以微福骄之；
天欲福人，先以微祸儆之。

※ 译文

上天要使一个人遭受祸患，必先给他一点小小的好处使他轻信；上天要想使人幸福，先要给他一点小小的祸患使他有所恐惧。

※ 评注

经得住诱惑，禁得起打击，方为真英雄。事关生死存亡的天下大事，是不可轻易交由他人去办理的。如想找到担当天下重任者，必先对他的意志和能力进行一番考验，在祸患面前不缩手缩脚，能镇定自若地从容面对，这样的人才能担当天下大任，拯救国家于危难。

傲傥之人骤溽通显，天将重刑之也；
疏放之人艰于进取，天将曲赦之也。

※ 译文

傲慢的人突然显贵，上天将会严厉地惩罚他；疏才放纵的人能迷途知返，勇于进取，上天也会赦免他的过错。

※ 评注

善有善报，恶有恶报，不是不报，时候未到。表面看来，不劳而获是一种不公平，但从长远看，不劳而获的必将损失更多。守株待兔的愚夫虽然白捡了一只撞死在树上的兔子，但他失去的却是一年的收成。亡羊补牢，犹时未晚。错误是难免的，关键要看如何对待错误，如能及时改正，就会使大事化小，小事化了。如果不知悔改、一意孤行，必将因小失大、遗憾终生。

小人亦有坦荡荡处，无忌禅是已；
君子亦有长戚戚处，终身之忧是已。

※ 译文

小人也有胸襟坦荡的时候，正在于他的无所忌讳和肆意妄为；君子也有忧虑困惑的时候，正是因为他们有忧国忧民的意识。

※ 评注

许多事物在形迹上十分相似，但实质上却有根本的不同。小人的坦荡是无所顾忌，肆意妄为，而君子的坦荡则是光明磊落，问心无愧。君子的戚戚是忧国忧民的思绪与壮志未酬的感叹，小人的戚戚是背后的嘲笑讥讽、污辱诽谤。只有透过表相，看到本质，才能分清君子与小人的界限。

水，君子也。其性冲，其质白，其味淡。其为用也，可以浣不洁者而使洁。即沸汤者投以油，亦自分别而不相混，诚哉君子也。

油，小人也。其性滑，其质腻，其味浓。其为用也，可以污洁者而使不洁。倘滚油中投以水，必至激搏而不相容，诚哉小人也。

※ 译文

君子像水，性情谦虚冲淡，本质洁白，味平淡，但他的用途却可以使不洁的东西变得干净，即使在滚烫的热水中放入油，二者依然不会混同，这就是君子的本性所在。小人像油，本质滑腻，味浓厚，他的用途可以使洁净的东西变得肮脏，如果在滚烫的油中放入水，二者必然会相互排斥而无法兼容，这就是小人的本性所在。

※ 评注

君子的品行如同幽室的兰花，香远益清，走近他的人会不知不觉闻到他身上所散发的香气，那是德行的香气！能感染到人，使人精神愉悦。而小人则如鲍鱼之肆，远远就能闻到他的臭味。而君子和小人是不能相容的，正如香气与臭味不能兼容，不能合一。

凡阳必刚，刚必明，明则易知；
凡阴必柔，柔必暗，暗则难测。

※ 译文

凡属阳性的事物必然刚强，刚强就一定光明，光明就容易让人了解；凡属阴性的事物必然晦暗，晦暗就难以让人看清，难以预测其后的变化。

※ 评注

人心宽平就会光明，狭隘就会幽暗。君子与小人在这两方面正好相反，这就是古代圣人在《易经》中用阳来形容君子、用阴来形容小人的原因。观察当今天下之人，为人光明正大，通达顺畅，做事干脆利落，深得人心者，必是君子。为人虚伪狡诈，阿谀奉承，让人难以捉摸，多是小人。

称人以颜子，无不悦者，忘其贫贱而夭；
指人以盗蹠，无不怒者，忘其富贵而寿。

※ 译文

称人为颜子，没有不高兴的，尽管颜回是个贫贱短寿的人；称人为盗跖，没有不生气的，尽管盗跖是个发不义之财且长寿的人。

※ 评注

每个人都是向往善良、厌恶凶恶的。孔子的徒弟颜回虽然一生贫穷低贱，寿命极短，但他不坠青云之志，宠辱不惊，始终保持君子之风，坚定自己的志向不动摇，从而深受后人的推崇与敬仰。盗跖是古代的一名盗贼，后来泛指偷窃之人。虽然盗跖一生凭借不义之财生活得很幸福，而且还是个长寿之人，但正因为偷盗这一恶名而使其遭受后人的唾弃。所以，世上的君子宁愿如颜回那样贫贱一生，也不愿像盗跖般留下千古骂名。

事事难上难，举足常虞失坠；
件件想一想，浑身都是过差。

※ 译文

凡事都有困难的地方，所以事先应考虑周详，行动上要顾虑缺失。想想自己所做的每一件事，便会发现到处都有差错。

※ 评注

家家都有一本难念的经，事事都有一个解不开的结。为人处世，困难是在所难免的，如果能够事先防范，做好应对准备，很可能会迎刃而解，即使有损失，我们也尽可能地把损失降到最低点。有些事情虽然达到了预期目的，但回头审视自己的所作所为，也会发现有许多不当之处，如果能够将这些环节处理好，我们便会做得更出色。

怒宜实力消融，过要细心检点。

※ 译文

有愤怒的情绪要及时消除，有过错要仔细检讨。

※ 评注

怒从心头起，恶向胆边生。愤怒是把火焰，在灼伤别人的同时，也会燃烧了自己。过错是身上的毒瘤，只有时常检察自身，有病早医治，才会健康长寿。如果自身的错误不及时改正，任其发展下去，将来带给我们的很可能是生命的威胁。

探理宜柔，优游涵泳，始可以自得；
决欲宜刚，勇猛奋迅，始可以自新。

※ 译文

探求事理方法要循序渐进，仔细品味参悟才会心有所得。欲望断决要果敢坚决，做事勇猛迅速，才能有所创新。

※ 评注

对事理的追求要有一个从低到高、由浅入深的过程，就如同建筑高楼大厦，总要一层层地建，这样才会有所得。如果总想一下吃成个胖子，片刻之间便会有突飞猛进的发展，势必会欲速则不达。欲望多是由内心的贪婪导致的，要想杜绝欲望，就要斩断内心对外物的留恋与攀缘，越是迅速坚决，便越能使自己得到尽快重塑自我的机会。

惩忿窒欲，其象为损，得力在一忍字；
迁善改过，其象为益，得力在一悔字。

※ 译文

克制愤怒的情绪，抑制庸俗的念头，卦象上为“损”，关键在于一个“忍”字。弃恶从善，卦象上为“益”，关键在于一个“悔”字。

※ 评注

能够克制自己的愤怒、抑制庸俗的念头，便是在改正自己的错误。错误改正后，自身的缺陷就会越来越少，而做善事的行动就会越来越多，当自身缺陷改正完毕后，便可以说达到了至善的境地。

富贵如传舍，惟谨慎可得久居；
贫贱如敝衣，惟勤俭可以脱卸。

※ 译文

富贵如同住宿旅馆，只有谨慎勤劳才可以久居。贫贱如同破衣服，只有勤俭才能将其脱去。

※ 评注

谨慎小心的人，即使鬼神也找不到可以侵犯的空隙，这便是圣贤之人成就大学问的关键。勤劳与节俭是治家生存的基础，不勤劳就会收获少，收获少但花费不少，就会使财物匮乏，财物匮乏就会采用一些苟取之法。身为一家之主，如果不能成为妻子儿女勤俭的表率，而使家人趋于奢侈懒惰，这无异于自取灭亡、自绝生路。如能想到这些，必会激励自己做个勤劳节俭之人。

俭则约，约则百善俱兴；
侈则肆，肆则百恶俱纵。

※ 译文

勤俭后便产生了约束，有了约束就会去做各种好事。奢侈容易导致放纵，放纵就会使各种坏事泛滥成灾。

※ 评注

法律的约束是条准绳，它让我们明白了什么事该做，什么事不该做。做好事会让我们得到赞誉与利益，做坏事会让我们得到批评与惩罚，所以有了约束，人们才会争先恐后去做善事。生活骄逸放纵，随心所欲，便会使人无视法律的存在和道德准绳的约束，如此一来，社会上各种坏事必会风行起来。

奢者富不足，俭者贫有余；
奢者心常贫，贫者心常富。

※ 译文

奢侈的人即使富裕也不感到满足，勤俭的人即使贫穷也有所余藏；奢侈的人心里常常感到贫穷，贫穷的人心里常常感到富有。

※ 评注

生活中的需求分为三类，首先是必然的需求，例如食和衣，如果不能满足，便会导致痛苦，这类需求很容易得到满足。第二类的需求虽然合乎自然，但并非必要的，例如我们所追求的声乐之乐。第三类需求既非自然也非必要，这些需求包括奢侈、挥霍、讲究排场和炫耀，这是没完没了的，是难以满足的。奢侈之人从不感到满足，原因就在这里。

贪饕以招辱，不若俭而守廉。
干请以犯义，不若俭而全节。
侵牟以聚怨，不若俭而养心。
放肆以遂欲，不若俭而安性。

※ 译文

贪心不足容易招致侮辱，不如节俭而坚守廉洁之风。求取功名而不冒犯节义，不如节俭而成全节义。巧取豪夺则致积怨，不如节俭而培植心性。放纵自己满足欲望，不如节俭而安定性情。

※ 评注

贪得无厌的人会极力追求想要得到的东西，永无止境，结果因欲望太多太盛，最后产生损害他人利益的行为，并为此招来祸端。而唯有勤俭节约的人才能赢得他人的盛誉，留下廉洁的美名。

经历过贫困而富裕起来的人较之生于富贵人家、对穷苦毫无体验的人，更容易产生挥霍奢侈的行为，因为之前的艰难经历极大地压制了他们的欲望，而一旦有了经济基础，欲望的闸门便快速地极大地打开，挥霍无度便由此产生。而从小就在富裕家庭长大的人，将金钱视如空气一般平常，他们一如既往平淡地生活，较之前面所说的先贫困后富裕的人则显得相对节俭。

静坐然后知平日之气浮；
守默然后知平日之言躁；

省事然后知平日之心忙；
闲户然后知平日之交滥；
寡欲然后知平日之病多；
近情然后知平日之念刻。

※ 译文

静坐之时才了解到日常的心浮气躁；独自沉默不语时才知道平日暴躁多语；反省自身后才知道平日心情过于忙乱；闭门谢客后才知道日常交友过于泛滥；减少欲望后才知道平日多病；接近人情后才知道平日为人处事的苛刻。

※ 评注

自省是提高修养的最好方式。现实生活中有许多人无法客观地看待、分析自己，对事物的看法全凭主观认识，无法认清自己在他人眼中的形象和地位，想法单纯而直接。这一类型的人主观地认为自己无所不能，即使犯了错也不会承认，甚至将错就错；总是觉得自己高人一等，当看到有人犯错时便会当面指责，却不知从中自我反省，对于自己的错误，依然我行我素、视而不见。这样的人在团队中早晚要被孤立。只有那些在日常生活中时刻懂得自省的人，才会锻造自己的完美性情。

无病之身，不知其乐也，病生始知无病之乐。
无事之家，不知其福也，事至始知无事之福。

※ 译文

自身没有病痛的折磨，感受不到快乐，等到生病卧床后，才明白无病无灾的快乐。家中平安无事，感受不到生活的快乐，等到灾难降临时，才体会到平安无事的快乐。

※ 评注

身在福中要知福。不经历挫折所取得的成就，在脑海中留下的印象是平淡无奇、索然无味的，只有历经磨难后的成功，才会让我们记忆犹新，永生难忘。如想要体味生活中的快乐，首先就要品尝生活带给我们的诸多滋味，不管是悲欢离合，还是酸甜苦辣，都要铭记于心，当尝遍了生活的诸多滋味后，我们才会真正辨别出什么是快乐，什么是甜蜜，才会真正感受到生活中的快乐。

欲心正炽时，一念着病，兴似寒冰；
利心正炽时，一想到死，味同嚼蜡。

※ 译文

纵欲之心处于旺盛时，一想到能引起疾病，情致便会即刻冷如寒冰了；利益之心旺盛时，一想到死亡，便会感到索然无味了。

※ 评注

当心胸被欲望之火填充时，扑灭火焰的最好方法便是从思想上根除。因病卧床时又怎能顾念欲望的诱惑？如果想到身死之后所拥有的一切都将化为乌有，那追逐功名利禄又有什么意义呢？与生命相比，这些都显得微不足道。

有一乐境界，即有一不乐者相对待；
有一好光景，便有一不好的相乘除。

※ 译文

有一快乐的境遇出现，就有一个不快乐的方面与之相对立；有一处优美风景的出现，便有一处不好的风景将之抵消。

※ 评注

平常生活中的粗茶淡饭才是我们生命中最美好、最实在的风光。生活中有一些不如意的地方反倒是好事，这样才会使人们有了对完美生活的不懈追求。如果事事都顺心如意的话，到时便会生出许多不如意的事来，可能会让我们更痛苦。

事不可做尽，言不可道尽，
势不可倚尽，福不可享尽。

※ 译文

做事不要过了头，说话不要一点余地不留，不要完全依靠权势做事，有福也不能享尽。

※ 评注

邵康有诗云：“美酒饮教微醉后，好花看到半开时。”喝酒如果达到烂醉如泥、不省人事的地步，又怎能品尝到美酒的味道和微醉的情趣呢？繁花似锦，最美的赏花时节当在含苞欲放时，此时看到的是希望，给人无限遐想的空间。如果盛开之时观赏，接下来看到的便是败落，必会给人一丝伤感。平日生活中的说话做事也是如此，如果说话做事过了头，一点余地也不留，往往会把人逼上绝路，也会使自己无路可退，最好还是留些情面、留条后路给别人，也给自己。

不可吃尽，不可穿尽，不可说尽；
又要懂得，又要做得，又要耐得。

※ 译文

生活中不要吃光穿绝，说话时要留有余地；处事上不但要懂得，还要做得，遇逆境要忍耐得住。

※ 评注

事业的成功往往在于比别人多看半拍，多走半步。一些人总希望自己能够长命百岁，整天担心自己会离开人世，一些企业总希望能够把事业持续到永远。但事实却并非如此，人总有一天会死去，企业也总有一天会破产，没有做好撤退的准备就开始创业是一件非常冒险的事。无论是在个人生活中，还是在开创事业中，最好还是留个退身步好，如果竭尽全力追求想象中的完美，势必会得不偿失。

难消之味休食，难得之物休蓄。
难酬之恩休受，难久之友休交。
难再之时休失，难守之财休积。
难雪之谤休辩，难释之忿休较。

※ 译文

难以消化的食物不要贪吃，难以获取的财物不要珍藏。难以酬报的恩惠不要接受，难以久处的朋友不要交往。难以再现的光阴不要失去，难以守护的资财不要积聚。难以辩明的诽谤不要争辩，难以解除的愤怒不要计较。

※ 评注

人生路上要学会放弃，这里所说的放弃并不是一味地丢弃，而是有选择、有目的、有条件地放弃。对于小人的诽谤，在我们没有掌握确凿的证据前就针锋相对地与其争辩，这样很可能使自己陷入被动，显得理屈词穷，倒不如静观其变，等到有可乘之机时再澄清自己。

饭休不嚼便咽，路休不看便走，
话休不想便说，事休不思便做，
衣休不慎便脱，财休不审便取，
气休不忍便动，友休不择便交。

※ 译文

吃饭不可不嚼就咽，走路不可不看便走，说话不可不考虑就信口雌黄，做事不可不准备就付诸行动，衣服别不小心就脱，钱财不要随便据为己有，怒气不要不控制而任其发作，朋友不要不选择而滥交。

※ 评注

聪明的人应当事先考虑清楚事情的结果，然后才去做。做什么事情都应该有所准备，才能防患于未然。很多人总是埋怨没有成功的机会，其实是因为他们没有发现机会的眼光，没有为迈向成功做好准备。机会总是存在的，它往往就在你周围，只要你善于捕捉。在成功的道路上，如果你没有耐心去等待，没有做好准备迎接成功的到来，那么，你只能用一生的耐心去面对失败了，因为上天总是青睐那些有准备的人。

为善如负重登山，志虽已确，而力犹恐不及；
为恶如乘骏走坡，鞭虽不加，而足不禁其前。

※ 译文

做善事就如同负重登山，志向虽然确立，但总是担心不能坚持下来；做恶事就如同骑马下山，虽然没有快马加鞭，但就是想停止也难以自控。

※ 评注

做好事容易，但是能够坚持不懈地做好事就困难了，这就如同逆水而行的独木舟，开始还可能感觉到能应付过来，但随着时间的推移，我们会感到越来越吃力，甚至有点力不从心了。而作恶却正好相反，这就如同我们顺流而下，不用挥动船桨便可行走如飞，有时候连我们自己都控制不了。所以说作恶容易行善难呀！

防欲如挽逆水之舟，才歇手，便下流；
力行如缘无枝之树，才住脚，便下坠。

※ 译文

谨慎防止欲念就如同牵拉逆水之舟，一旦停下来就会往后倒退；着力行善就如同攀缘一棵无枝节的树，一旦停下来便会下滑。

※ 评注

胸中的私心杂念多是因外物的诱惑而产生的，想要扑灭胸中的欲火，首先就要斩断内心对外物的牵挂。人们行善更多是出自道德的规范和个人的自愿行为，有些人看到行善后却得不到回报，便往往放弃了行善的念头。因此，能够一生行善者方为真善人。

胆欲大，心欲小；智欲圆，行欲方。

※ 译文

胆识要大，心思要缜密。智慧要圆融，行为要方正。

※ 评注

有胆有识的人往往有勇无谋，做事鲁莽草率，不考虑后果，所以办事效率不高，甚至做出一些错误决定。有胆识之人行事再心思细密一些，方能减少失误，提高办事效率。虽然有智慧，但一味地死守教条，不知灵活运用，势必被传统束缚了手脚，难以形成创新意识，因为没有创新就谈不上发展。

真圣贤，决非迂腐；真豪杰，断不粗疏。

※ 译文

真正的圣贤之士绝不会迂腐呆板；真正的英雄豪杰绝不会粗鲁疏略。

※ 评注

圣贤之士心地明澈，胸怀坦荡，为人公正无私，做事光明磊落，明白何事当为，何事当止。英雄豪杰行侠仗义，敢作敢为，行事果断干练，对事理能了然于胸，所以处事公平而不徇私情。

龙吟虎啸，凤翥鸾翔，大丈夫之气象；
蚕茧蛛丝，蚁封蚓结，儿女子之经营。

※ 译文

龙吟虎啸，凤鸾翱翔才是大丈夫的气象。像蚕茧、蜘蛛丝，蚂蚁筑巢、蚯蚓纠结，这些都是小孩子的心思。

※ 评注

真正的大丈夫志向高远，不拘小节，不计小利，表现出的气量恢宏，与众不同。有些人虽有志向，但只顾眼前小利，对琐事斤斤计较，虽然做事也很勤奋努力，但终因起点较低而不能取得卓越的成就。还有一些人整天只知坐享其成，以为凭借殷实的家业便可衣食无忧，其实这是些幼稚的想法，入不敷出，再多的财物也有用尽的一天。有稳定的收入来源，才不怕坐吃山空的那一天。

格格不吐，刺刺不休，
总是一般语病，请以莺歌燕语疗之；
恋恋不舍，忽忽若忘，
各有一种情痴，当以鸢飞鱼跃化之。

※ 译文

说话言辞不清或喋喋不休，都是一般说话的病态，以莺歌燕语般的悦耳之声去治疗此病。心中难以割舍或有所忘却，都是为情痴迷的表现，要以鹰击长空、鱼翔浅底的气势来化解。

※ 评注

对症下药，才能药到病除，如果有病乱投医，乱用药的话，只能使病情更为严重。有人说话吞吞吐吐，就让他多听一些委婉悦耳的声音，从而使其认识到自己的差距所在，以便激励自己努力矫正。有人对往事难以割舍忘怀，每天显得心力交瘁，此时就需要让他到轻松的环境中放松一下身心，才能解除烦恼。

问消息于蓍龟，疑团空结；
祈福祉于奥灶，奢想徒劳。

※ 译文

想要占卜未来的吉凶祸福，只会使心底空结疑团；如想向鬼神祈求福祉，只会白白浪费时间。

※ 评注

心地善良，那么所遇百事便会相安无事。古人认为行善积德的人是吉祥之人，他们不会遇到任何困难，就连世间的凶神恶煞也伤害不了他们。《易经》中认为：如果人们想要趋吉避凶，最好的方法是做善事，远离邪恶，但现在许多人却向天乞求福分的降临，真是大错特错了。

谦，美德也，过谦者怀诈；
默，懿行也，过默者藏奸。

※ 译文

谦虚是一种美德，但过于谦虚的人往往心怀狡诈；沉默是美好的品行，但过于沉默的人居心叵测。

※ 评注

谦虚但不注重礼节，所损失的必少不了。如果能够在“礼”字上多下一些功夫，不但有谦虚这一美德，还能够平易近人，恭敬和蔼，这样的人才会没有过失和缺陷。凶猛的鹰站立时就好似睡着了一样，残忍的老虎行走时就好像得病了一样，其实这只是表面的姿态，在其背后隐藏的是置人于死地的手段。世上的奸恶之辈多是如此形态，我们不可不认真辨别呀！

直不犯祸，和不害义。

※ 译文

正直不会招惹祸患，谦和不会损害道义。

※ 评注

正直之人秉公办事，不徇私情，替受委屈的人平冤昭雪，让有罪的人得到法律应有的制裁，所做之事无愧于自己的天地良心，受到了世人的尊重与拥护，又哪里来的祸患呢？古语云：“其身正，不令而行；其身不正，虽令不从。”如果想成为他人学习的榜样，首先自己必须正直地生活，正直地走路，这样才能去教导、带动他人。

为人谦逊和善，是一个人雄伟气度的外在表现。拥有了这种胸襟和气度，即使面对敌人也不吝赞美之辞，并且在行为上予以宽大。当报复的机会来临时，这种胸襟最见精彩。它并不规避可施报复的情况，而是善加运用，去消除矛盾，化解仇恨，这些行为宣扬的正是人间大道，又岂会损害道义？

圆融者无诡随之态，精细者无苛察之心，
方正者无乖拂之失，沉默者无阴险之术，
诚笃者无椎鲁之累，光明者无浅露之病，
劲直者无泾情之偏，执持者无拘泥之迹，
敏炼者无轻浮之状。

※ 译文

圆滑融通的人没有诡诈的神态，精明细心的人没有苛刻审查的心愿，正直端正的人没有乖戾忤逆的缺陷，沉默寡言的人没有阴险狡诈的心术，诚信笃行的人没有无能的牵累，正大光明的人没有肤浅的缺点，刚直的人没有性情上的偏颇，果断干练的人没有拘泥的毛病，聪敏练达的人没有轻浮的形态。

※ 评注

每个人都有自己的长处，长处利用不好就可能成为短处；每个人也都有自己的短处，短处能够及时得以改正，也能成为长处。每个人都不可能样样精通，即使有一技之长，也绝不会是完美的，必定在长处中也潜藏着一些弊病，如能矫正长处中的弊病，才可称得上全才。

才不足则多谋，识不足则多事，
威不足则多怒，信不足则多言，
勇不足则多劳，明不足则多察，
理不足则多辩，情不足则多仪。

※ 译文

才能不足的人计谋多，缺少见识的人爱惹是生非，威信不足的人容易动怒，信义不足的人容易多言，胆量不足的人容易多劳，智慧不足的人容易多体察，道理不足的人容易多辩，情分不足的人容易多礼节。

※ 评注

哪一方面的才能不足，就会显露哪一方面的外在缺陷。缺少见识的人在不明事理的情况下易妄下结论，所以经常惹出一些事端。过于胆怯的人因做事瞻前顾后，不敢果断从事，经常错失良机，付出一些徒劳的努力。智谋不足的人经常疑神疑鬼，对任何事情都想寻根问底，生怕属下有不忠于自己的，所以这类人往往会失去人心，陷入孤立无援的境地。

私恩煦感，仁之贼也；
直往轻担，义之贼也；
足恭伪态，礼之贼也；
苛察歧疑，智之贼也；
苟约固守，信之贼也。

※ 译文

恩惠施予个人，是对仁的伤害；轻率行事而又缺少责任，这是对义的伤害；伪装成恭敬的姿态，这是对礼的伤害；细察而多疑，这是对智的危害；不能坚守自己的诺言，这是对信的伤害。

※ 评注

古代君子都以三纲五常来约束自己的行为。如果做些损公肥私的事，就等于违背了“仁”字的要求；如果推卸自己理应肩负的责任，就等于违背了“义”的要求；如果对人阳奉阴违，表面一套，背后一套的话，就算是违背了“礼”的要求；如果事必躬亲，疑心过重，就等于违背了“智”的要求；如果背信弃义，失信于人，就等于违背了“信”的要求。

有杀之为仁，生之不为仁者。
有取之为义，与之为不义者。
有卑之为礼，尊之为非礼者。
有不知为智，知之为不智者。
有违言为信，践言为非信者。

※ 译文

有为成仁而牺牲的，那些苟活的就是不仁之人。有以自取为义的人，那些给予就成为不义之事了。有以卑下为礼的人，那些位尊者就成为背礼的人了。有以不知为智的人，那知就成了不智的人。有以违背约定为信的人，那些付诸实践的就成了不信之人。

※ 评注

如果以传统的义理来权衡事物的轻重大小，事物之间的区别并不是那么明显，界限也不太清晰，可能稍有行动，就会转向反面。有的人以鄙贱为礼，在他的眼中，尊崇就成了非礼的行为；有的人以不知为智，那在他的眼中，知晓之人就成了糊涂人。其实，这些错误的看法多是妇人之仁，匹夫之义，拘谨之礼，穿凿之智，小人之信。权衡义理的真正标准是要以天下众人的认识为准绳，又岂能被狭隘片面的认识所左右？

愚忠愚孝，实能维天地纲常，
惜不遇圣人裁成，未尝入室；
大诈大奸，偏会建世间功业，
倘非有英主驾驭，终必跳梁。

※ 译文

愚忠愚孝真能维系天地间的伦常吗？可惜没有圣人栽培，不能够登堂入室；狡猾奸诈之徒，偏能建立世间的大功业，若不是有英明君主的指导，他们必将成为跳梁小丑。

※ 评注

良禽择木而栖，贤臣择主而侍。如果发现自己所辅佐之人将来不足以成事，与其誓死效忠，留下愚忠之名，不如另投明主，施展自己的才华。一山还比一山高，能人背后有能人。有些小人虽然能逞一时之快，但关键还要看他背后的主人，因为他的一举一动，其实都是按照主人的意图去做的。如果离开了主人的指挥，这些小人的才能也就难以施展。

知其不可为而遂委心任之者，达人智士之见也；
知其不可为而犹竭力图之者，忠臣孝子之心也。

※ 译文

知道事情做不成就听天由命，听之任之，这是聪明人的做法；知道事情做不成还要竭尽全力去做，这是忠臣孝子的行为。

※ 评注

聪明的人不会浪费时间，更不会付出无谓的牺牲，当事情无可挽回或是达不到目的时，他们会果断地放弃。当一条路行不通时，他们会另辟蹊径，绝不会一直走到天黑。有些人却正好相反，明知所行之路是条死胡同，还要继续走下去，真可谓不到黄河不死心，不撞南墙不回头！

小人只怕他有才，有才以济之，流害无穷；
君子只怕他无才，无才以行之，虽贤何补！

※ 译文

只怕小人有才能，有才能相助的小人其危害更大，后患无穷；只怕君子无才能，无才而处事，即使贤德又有什么益处呢?

※ 评注

最怕小人有才能，是因为才能更容易帮助小人为非作歹，对他人带来更大的伤害，对社会带来更严重的损失。怕君子无才，是因为君子虽然贤惠，但无才也就注定他们对世事也不能有所帮助。

摄生（附）

慎风寒，节饮食，是从吾身上却病法；
寡嗜欲，戒烦恼，是从吾心上却病法。

※ 译文

小心风寒，节制饮食，这是从自己的身体上驱除疾病的方法；清心寡欲，戒除烦恼，这是从自己的内心上消除疾病的方法。

※ 评注

养生以养心为主，而养心的关键在于凝神静气，而后才能够放松身心。如果每天都沉浸于繁杂的事物中，搅得自己魂不守舍，心力交瘁，势必会多灾多病。如果心无杂念，安然自在，没有丝毫的杂思妄念，才会神清气爽，气与神合，心清性明。

少思虑以养心气，寡色欲以养肾气，
勿妄动以养骨气，戒嗔怒以养肝气，
薄滋味以养胃气，省言语以养神气，
多读书以养胆气，顺时令以养元气。

※ 译文

减少思虑来调养心气，减少性欲来调养肾气；不轻举妄动以调养骨气，戒掉嗔怒以调节肝气；饮食素淡以调节胃气，少些言语以调节神气；多读书籍以培养胆气，顺应时令以调节元气。

※ 评注

一般人当元气兴盛之时，血肉之躯便会显得十分健壮，即使有外部的邪气侵扰，也会被其压制抵消。以上所说的人体“八气”各有养生之法，如果一气遭侵袭，便会气气受损，所以必须要各方兼顾。

忧愁则气结，忿怒则气逆，恐惧则气陷，
拘迫则气郁，急遽则气耗。

※ 译文

忧愁会使人心气郁结，愤怒会使人气血倒流，恐惧会使人心气低沉，拘谨会使人心气郁闷，急速会使人心气耗尽。

※ 评注

有的人整天愁眉不展，心事重重，这样的人容易心气郁结而多疾病，《红楼梦》中的林黛玉便属于此类人；有的人性情暴躁，极易动怒，所谓气大伤身，而且还容易招来仇敌，《三国演义》中的张飞就属于此类人；有的人做事优柔寡断，遇事不知该从何下手，于是心中积虑成疾，韩信之死，不可谓与这一方面的性格无关。

行欲徐而稳，立欲定而恭，
坐欲端而正，声欲低而和。

※ 译文

行动要慢而稳重，站立要坚定而恭敬，坐姿要端庄平直，声音要委婉平和。

※ 评注

善养气的人，习惯于动中习静，使身体常处于太和元气中，时间长了定会培养出圣贤的气象来，此处讲到的就是动中习静。俗话说，坐有坐相，站有站相。如果站立时摇摇晃晃，坐下时蜷缩或是歪斜，都证明此人定力不够，这对身体的健康有颇多危害。

心神欲静，骨力欲动。
胸怀欲开，筋骸欲硬。
脊梁欲直，肠胃欲净。
舌端欲卷，脚跟欲定。
耳目欲清，精魂欲正。

※ 译文

心神要宁静，骨骼体质要灵活。胸怀要开阔，筋骨要硬朗。脊梁要挺直，肠胃要干净。舌尖要卷起，脚跟要稳定。耳目要清楚，精神要端正。

※ 评注

心神平定祥和，恬静淡然，身体也会轻松舒畅。胸怀坦荡无私，志向高远恢宏，身体便会健壮硬朗。行走时昂首挺胸，神采飞扬，才显得精神饱满。走路脚踏实地，步步留声，才能证明步伐稳当，身体健康。耳聪目明，才显得精明伶俐，处事才能端正。

多静坐以收心，寡酒色以清心，去嗜欲以养心，
诵古训以警心，悟至理以明心。

※ 译文

时常静坐便能够收敛内心，少沾酒色便能够心境清明，除去嗜好欲望便能够培植身心，品味古人遗训便能够警示自心，洞晓事理便能够心底明白。

※ 评注

时常静坐，反思一天的所作所为，便会使我们心底的欲望少一些，以收敛那些不切实际的追求。远离酒色财气，戒掉嗜好欲望，便是斩断了侵扰身心的孽根，从而让身心变得更加清明专注。用古人的千古良训时常提醒自己，以修身养性，对不明白的道理要追求探索，能够让自己洞晓事理。

宠辱不惊，肝木自宁。
动静以敬，心火自定。
饮食有节，脾土不泄。
调息寡言，肺金自全。
恬淡寡欲，肾水自足。

※ 译文

遇到恩宠或受辱都不惊慌，则肝宁。行动或是静坐都能够保持恭敬的心态，就会使心火安宁。饮食有节制就会使脾胃少生病。调气养神少说话对肺有莫大的益处。淡泊少气就会使肾水充足。

※ 评注

看到美味佳肴便狼吞虎咽，没有节制，遇到粗茶淡饭便难以入口，甚至饿着肚皮也不过问，这种饮食恶习对身体有百害而无一利。清心寡欲，淡泊宁静，外在的表现是志趣高雅，内在修为便是培养身心，这种做法可益寿延年。

道生于安静，德生于卑退，
福生于清俭，命生于和畅。

※ 译文

道是从安静中修得的，德是从卑微谦让中得来的，福是从清贫廉洁中得来的，命是在和谐顺畅中保全的。

※ 评注

参禅悟道要从安静做起，首先要做到心静，心静才能性明，性明才能悟透蕴藏于万事万物中的玄机与奥秘。良好的道德品质是从忍让、低贱中培养成的，只有品尝到了生活的苦难和谦让后所获得的尊敬，才会明白道德所换来的珍贵回报。福分是在清贫节俭中赢得的，体会到了贫苦的生活，才会激励自己去追求幸福，才会珍惜来之不易的幸福生活。

天地不可一日无和气，
人心不可一日无喜神。

※ 译文

天地不可一日无太和元气，人心不可一日无欢喜情绪。

※ 评注

人如果时常和颜悦色，心气就会恬静自然，五脏也会相安无事。在古书中，曾看到过这样一个故事：一位老人年过百岁，有人问他长寿之法。老人答道：“我只是一个乡野村夫，什么道理也不懂，一生只求快乐高兴，从不知道忧愁烦恼。”由此看来，拥有一个快乐的心态才是养生的要诀呀！如果每天能够生活得快快乐乐、祥和安定，疾病又从何而来呢？

拙字可以寡过，缓字可以免悔，退字可以远祸，
苟字可以养气，静字可以益寿。

※ 译文

“拙”字可以使人少犯过错，“缓”字可以使人免去事后的悔恨，“退”字可以使人远离祸患，“苟”字可以使人培植福泽，“静”字可以使人延年益寿。

※ 评注

做事不急功近利，深思熟虑之后再行动，这样便会避免更多的挫折，减少更多的悔恨。退让忍耐并不代表懦弱无能，而是一种智者的选择，这是在以小的损失弥补更大的损失，仔细盘算后，还是收获的多，付出的少。

毋以妄心戕真心，勿以客气伤元气。

※ 译文

不要让虚妄之心残害了自己的本心，不要让外在因素伤害了自己的元气。

※ 评注

昨天的喜怒哀乐只不过是划过的颗颗流星，今天的辛勤努力才能孕育出明天含苞欲放的花朵。过去的就让它离我们远去吧，不要再对那些虚无缥缈的东西留恋牵挂。保持一颗真我的本心，为最现实、最切近的理想去奋斗，才是实实在在的生活。

拂意处要遣得过，清苦日要守得过，
非理来要受得过，忿怒时要耐得过，
嗜欲生要忍得过。

※ 译文

碰到不如意的事时要能排遣，清苦的日子能够守得住，无道理的事能够忍受得住，愤怒之时要忍耐得住，欲望产生时要及时克制住。

※ 评注

无缘无故遭到别人的无理对待，其中必有缘由，且不可轻易动怒。所谓小不忍则乱大谋，如果连小的屈辱都不能忍受，则必会有招致祸患的一天。众口铄金，积毁销骨。他人的流言蜚语确实对人伤害很大，但不要忘了清者自清，浊者自浊，只要自己清白无瑕，就不用担心他人的诽谤与污辱。

言语知节，则愆尤少；
举动知节，则悔吝少；
爱慕知节，则营求少；
欢乐知节，则祸败少；
饮食知节，则疾病少。

※ 译文

说话知道节制就能少得罪人，举动知道节制就能少些悔恨，爱慕知道节制就会少些欲望，欢乐知道节制就会少些祸患，饮食知道节制就会少些疾病。

※ 评注

病从口入，祸从口出。说话没有忌讳，胸中藏不下言辞，有什么就说什么，必然会因言及他人的短处而得罪人。对好的事物有爱慕或敬仰之心是很自然的，如果过于溺爱，甚至沉迷其中不能自拔，就会在心底萌生贪念欲望，歪曲了心性。快乐是生活中的基本色调之一，但它并不代表全部，如果只知享受安逸的生活，就很可能会乐极生悲，遭到生活无情地打击。

人知言语足以彰吾德，而不知慎言语乃所以养吾德；
人知饮食足以益吾身，而不知节饮食乃所以养吾身。

※ 译文

人都知道说话可以显示自己的德行，但不知道谨慎的言语可以培养自己的品德。人都知道饮食可以有益于生命，但不知道节制饮食可以养生。

※ 评注

事物都具有两面性，同一事物既有好的方面，又有坏的方面。较强的语言表达能力固然能够博得更多人的青睐，可要是无所顾忌地夸夸其谈，不分场合、对象地胡乱发言，也必会造成一些人的厌恶或嫉妒。每个人都知道饮食是维系生命的根本，却忽视了没有节制的暴饮暴食也会危害健康，甚至威胁生命。

闹时炼心，静时养心，坐时守心，
行时验心，言时省心，动时制心。

※ 译文

热闹时要锻炼心境，安静时要培养身心，静坐时要守护身心，行动时要检验内心，言语时要反省内心，行动时要控制内心。

※ 评注

在安静的场合锻炼自己的心境，一般人都可以做到，能够在热闹的场合依然安养身心，才称得上真正修行高深的人。如想检验一个人在某方面是否达到要求，关键得将其放在合适的场合、地点和时间去考查。行动时谨慎小心；公众场合说话有理有据，谈吐文雅；空闲时不显寂寞难耐，而能培养闲情逸致，这才是真正有修为的人。

荣枯倚伏，寸田自开惠逆，何须历问塞翁；
修短参差，四体自造彭殇，似难专咎司命。

※ 译文

荣枯相互依存，心田开合一切由己，顺逆听天由命，何必再问边塞的老翁？长短参差不齐，身体决定了寿命的长短，一切都是由自然而定，何必去责怪他人呢？

※ 评注

“寸田”俗称丹田。“彭殇”指的是古代祝融氏的后人陆终氏的第三子，后建国于彭地，其后子孙便以国为姓。传说中彭祖寿命极长，所以后人多以其来形容长寿者。

节欲以驱二竖，修身以屈三彭，
安贫以听五鬼，息机以弭六贼。

※ 译文

节制欲望以保持身体健康，修身养性以保持良好的心境与品质，安贫乐道以保持人生的顺利，摒除心机防止六贼招惹祸患。

※ 评注

“竖”是古时对人的蔑称、贱称，此处指不好的人或物，对身体而言也就是疾病。“三彭”是道家用语，指的是三尸。传说中三尸姓彭，常居人身中，伺察功罪。“五鬼”比喻不顺利的事。韩愈的《送穷文》中把“智穷”“学穷”“文穷”“命穷”“交穷”称为“五鬼”。“六贼”指眼、耳、鼻、舌、身、意。

衰后罪孽，都是盛时作的；
老来疾病，都是壮年招的。

※ 译文

衰败后遭受的罪孽，都是因强盛时不知修持而积累来的；年老后的体弱多病，都是因年轻时不知养生而落下的。

※ 评注

什么样的结果都是我们一手造成的，怨不得别人，怪就怪我们不相信古人所说的“天道好还”的道理，也就是所谓的种瓜得瓜，种豆得豆。今天我们所遭遇的磨难，都是前生注定的。老年后疾病缠身，都是因为我们年轻时不注意锻炼身体导致的。

败德之事非一，而酗酒者德必败；
伤生之事非一，而好色者生必伤。

※ 译文

败坏德行的事有很多，但酗酒必定败德；伤害生命的事也有很多，但好色之徒必定伤身。

※ 评注

酒色之类的东西，只会使人志气昏耗，伤害性命，败坏德行。如每天沉迷于酒色之中，醉生梦死，不知所终，又有何快乐可言呢？只有那些清心寡欲的人才会气性平和，心宽体胖，感受到生活中的乐趣。

木有根则荣，根坏则枯；
鱼有水则活，水涸则死；
灯有膏则明，膏尽则灭；
人有真精，保之则寿，戕之则夭。

※ 译文

树木有根就能繁荣，根坏死就会枯竭而亡；鱼有水才能活下去，水干涸了就会死去；灯有油才会光亮下去，油尽便会熄灭；人有精神才能够保持生命的长寿，伤害到精神就会夭折。

※ 评注

在寒冷的冬天看到一丝温暖的阳光时，便会使人生气勃发；在酷热的盛夏，吹来一丝阴凉的清风，便会让人精神振奋。人就如同这草木的繁盛与凋零一样，如果在一个健康的环境中成长，不近声色，精神就会显得饱满充盈；如果每天被酒色财气所环绕，势必会精神疲惫，戕害身心和性命。

敦品类

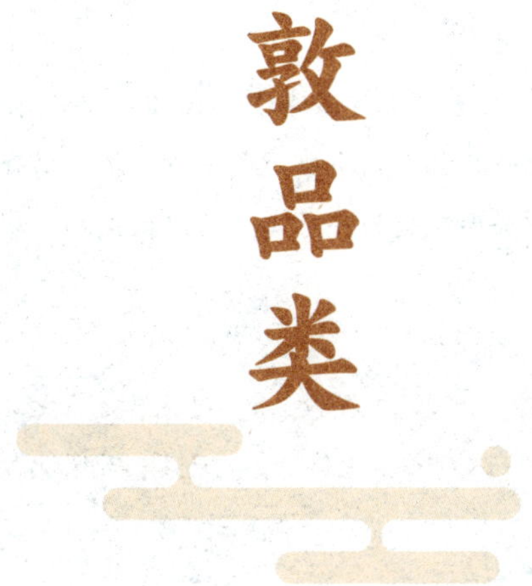

欲做精金美玉的人品，定从烈火中锻来；
思立揭地掀天的事功，须向薄冰上履过。

※ 译文

想要修得精金美玉般的人品，一定要从烈火中锻造得来；想要成就惊天动地的伟业，一定要如履薄冰般地行事。

※ 评注

没有春的耕耘，就没有秋的收获；没有冬的孕育，就没有春的复苏。一个人要想铸就金玉般的完美性情，就要经得起烈火的考验，正所谓真金不怕火炼，经烈火考验之后，才能证明我们的品德是高是低。同样的道理，想要成就丰功伟绩，有志向却无行动，这无异于空中楼阁，永远不能实现，只有付诸行动，脚踏实地去做，才会使理想成为现实。

人以品为重，若有一点卑污之心，便非顶天立地汉子；
品以行为主，若有一件愧怍之事，即非泰山北斗品格。

※ 译文

人要以品行为重，如果有一点卑贱污秽的心思，便不能称之为顶天立地的大丈夫。品德要以实行为主，如果有一件愧对良心的事，就不能铸就泰山北斗般的高尚品格。

※ 评注

一着不慎，满盘皆输。人生中有许多事常常因为一个微不足道的细节或是小的疏忽，就破坏了事情的整个进程。人到晚年，或是马上就要离开官场生涯了，本以为可以成就一世英名，没想到会因此刻的一时糊涂而以权谋私，从而使一生的功名毁于一旦，岂不可悲？

人争求荣，就其求之之时，已极人间之辱；
人争恃宠，就其恃之之时，已极人间之贱。

※ 译文

世人都争相追求荣华富贵，就在他追求之时，已经受尽了人间的许多耻辱。世人都争相追求宠爱与敬仰，但在他们得到宠爱与敬仰时，已经沦落成了世间的卑贱之人。

※ 评注

世上人都知道趋炎附势，攀附权贵，追求的只是个人利益，从不过问自己的行为是好是坏。等到事情大白天下后，却使声名，甚至自己的性命都搭了进去，真是可怜呀！即使幸运地逃脱了，也只能是遗臭万年。行事不辨善恶，看不破人情，只知奔走妄行，即使得到了想要的，但等省悟后才明白，在追逐的过程中我们失去了更多。

丈夫之高华，只在于道德气节；
鄙夫之炫耀，但求诸服饰起居。

※ 译文

大丈夫的高贵品德，重在自己的功名气节；平庸的世俗之人炫耀自夸，表现的只是衣食住行的华美。

※ 评注

人比人得亡，货比货得扔。但比较又分高尚的比与庸俗的比，圣贤君子与人比的是品德才能，他们通过比较来取人之长，补己之短。庸俗小人比的是华美的衣食住所和钱财名位，虽然让人的外在感官享受颇多，但因内在的无知和品德低下，最终也只能碌碌无为、行尸走肉般地过其一生。

阿谀取容，男子耻为妾妇之道；
本真不凿，大人不失赤子之心。

※ 译文

阿谀奉承以取悦他人，男子汉是耻于做这种妇人之事的；真正的大丈夫是不失纯真善良的赤子之心的。

※ 评注

宁愿为小人所妒忌诋毁，也不愿为小人所奉承取悦；宁肯为君子所责备，也不愿让君子包容自己。地位尊贵而别人奉承自己，其实他们奉承的是我们的权势与财富；我贫贱而受人欺侮，他们欺侮的是我们贫穷低贱。他们原本奉承的就不是我，我又有什么值得高兴的呢？所以说，夸大其辞的奉承话是听不得的，真正的君子对奉承话敬而远之，更不会向他人献媚以歪曲自己的志向。

君子之事上也，必忠以敬，其接下也，必谦以和。
小人之事上也，必谄以媚；其待下也，必傲以忽。

※ 译文

君子对待比自己强的人忠心而恭敬，对待不如自己的人谦虚而和气。小人对待比自己强的人溜须拍马，对待不如自己的人傲慢又轻视。

※ 评注

对于强于自己的人，有君子之风的人怀着敬仰的心情向其学习，而小人则是谄媚阿谀或是嫉妒诽谤；对于不如自己的人，有君子之风的人会谦逊而温和地给予教导，而小人则是摆出一副趾高气扬的姿态，在人前卖弄显耀，自觉很威风，其实在智者眼中却显得那么无知可笑。

立朝不是好舍人，自居家不是好处士；
平素不是好处士，由小时不是好学生。

※ 译文

在朝廷中不能做个好官员，在乡里也不会是个品德高尚的人；日常生活中没有好的德行，小时候定不会是个好学生。

※ 评注

了解一个人可由小到大，也可由粗到细。如果一个人在朝中不能清正为官，而是仗势凌人，鱼肉百姓，这样的人在乡里一定不会拥有什么好名声。才能学问是道德修养高低的基础，如果一个人在日常生活中肆意妄为，危害一方，就可推断此人小时候绝不会是个遵守纪律的好学生。

做秀才如处子，要怕人；
既入仕如媳妇，要养人；
归林下如阿婆，要教人。

※ 译文

读书求知的人要像闺门不出的小姐一样谨慎待人；为官从政要像媳妇爱子女一样爱护百姓；归隐山林要像慈祥的老太婆一样身负育人的重担。

※ 评注

在家如能行善积德，便可以感化乡里，风行郡县，感化扶正无数后人，可说比士人强上百倍。所以圣贤君子倡导发扬善行，主持风俗。如果个人只知正身率物，恬静自守，那就比不上圣贤之人了。为官从政要为百姓做主谋福利，如果得势后便横行乡里，恃强凌弱，必会招致百姓的怨恨与反对，最终将身败名裂。士大夫喜欢听风俗不好的言论，这样他们便可宣扬自己所坚持的风俗，归隐山林、与世隔绝的那些隐逸高人就属此类，他们讲风俗时从自己身上说起，认为自己便是纠正世风日下的最好人选。

贫贱时，眼中不着富贵，他日得志必不骄；
富贵时，意中不忘贫贱，一旦退休必不怨。

※ 译文

贫穷低贱的时候能够不把富贵放在眼里，他日得志后必定不会骄横自满；富贵的时候心中不忘贫贱时的境遇，一旦退休后必定没有怨言。

※ 评注

身处贫困中的人，虽然渴望富贵，但他们并不会为了过上幸福的生活而向他人摇尾乞怜，不顾自己的尊严与荣辱。如果有朝一日，这样的人拥有了富贵，也定不会忘记曾经所经历的苦难，对有恩于自己的人，必会以博爱的胸怀与他们分享富贵。哪怕富贵来去匆匆，他们也心满意足了，因为他们在乎的不是天长地久，而是曾经拥有。

贵人之前莫言贱，彼将谓我求其荐；
富人之前莫言贫，彼将谓我求其怜。

※ 译文

在高贵之人面前不要说自己地位卑贱，否则他会认为我们在求他举荐；在富有之人面前不要说自己贫穷，否则他会说我们在乞求他们的可怜。

※ 评注

有权势有地位的人，对不如自己的人多会有一种瞧不起的感觉。每当那些地位低下、生活贫穷的人出现在其面前时，便以为是来寻求帮助的，于是经常摆出一副高高在上的姿态。正因如此，才无意中伤害了不少仁人志士的感情，错怪了他们。所以，在无意寻求帮助的时候，还是少与那些富贵之人来往，即使对方不是那种仗势欺人的人，别人也多会这么认为。

小人专望人恩，受过辄忘。
君子不轻受人恩，受则必报。

※ 译文

小人专门希望得到他人的恩惠，得到后便忘得一干二净。君子不轻易接受他人的恩惠，得到后必会报答。

※ 评注

小人多有着唯利是图、贪得无厌的本性，对于他人的恩惠，不管是卑躬屈膝，还是耍阴谋手段，都想极力获得。因为他们的目的只是为了个人私利，当满足自己的需要后便会过河拆桥、卸磨杀驴，把有恩于自己的人抛到脑后。君子则正好相反，对于他人的恩惠一般不轻易接受，因为他们明白受人之恩定当涌泉相报的道理。他们受他人之恩就等于欠下了一份人情，如不报答便会寝食难安。

处众以和，贵有强毅不可夺之力；
持己以正，贵有圆通不固执之权。

※ 译文

与众人相处要以和为贵，关键在于有坚定不移的意志力；对待自己要公正严明，贵在有灵活处事、变通不拘泥的能力。

※ 评注

外柔内刚，与他人交往能够以和为贵，就会建立良好的人际关系。身处世俗中而不流于时弊，洁身自好而不被外物所扰，此皆君子坚毅性情的表现。处事最忌墨守成规、照抄照搬，如果不懂得变通掌握，灵活运用解决问题的方法，就会被传统束缚手脚，难有创新意识和大胆的作为。

使人有面前之誉，不若使人无背后之毁；
使人有乍处之欢，不若使人无久处之厌。

※ 译文

在他人面前求得赞誉，不如让别人在背后不说我们的坏话；与人相处能使人获得短暂快乐，不如在与人相处长久时不使对方心生厌恶之情。

※ 评注

乍变不为小人所悦，久习不为君子所厌，如此才能体现一个人的真正品质。为了博得他人的赞美而曲意奉承，不如自己谨守操行，不让他人抓住我们违背道德的把柄。与其寻求精神或肉体上的一时快乐，不如在与众人相处时保持长久而和谐的人际关系。

媚若九尾狐，巧如百舌鸟，哀哉羞此七尺之躯；
暴同三足虎，毒比两头蛇，惜乎坏尔方寸之地。

※ 译文

献媚如同九尾狐，会说话如同百舌鸟，可悲呀！竟这样让七尺之躯蒙受耻辱。残暴如同凶恶的老虎，残毒如同两头蛇，可惜呀！人们的良心变坏了。

※ 评注

对一个身处领导地位的人来说，最大的危险之一就是他的属下都是一些唯唯诺诺的庸人。精明的领导人需要他周围有一批敢于发表不同意见的人。他必须善于洞察那些卑躬屈膝、专事奉承的人。要明白哪些人是在为自己真心实意地出谋划策，哪些人是在为个人利益而围着自己溜须拍马。如果忠奸不辨、好坏不分的话，必会有听进谗言而做出错误决定的时候。

到处伛偻，笑伊首何仇于天？何亲于地？
终朝筹算，问尔心何轻于命，何重于财？

※ 译文

到处卑躬屈膝地生活，可笑的是，你的头为什么于天有仇、与地有恩而抬不起来呢？整天玩弄阴谋手段，扪心自问，为什么会如此轻视生命而看重钱财呢？

※ 评注

生前枉费心千万，死后空持手一双。许多人都是在生命的弥留之际才看透生命真谛的。钱财乃是身外物，纵使一生积上千百万，身死之后也是分文带不走的。如能早日看透这些，我们便会让身心少受一些世事的磨难与煎熬，多享受一些生活的快乐与温馨。

富儿因求宦倾赀，污吏以黩货失职。

※ 译文

富家子弟常常因为谋求官位而倾家荡产，贪官污吏常常因为贪财失职而身败名裂。

※ 评注

开始的时候总嫌自己贫困无助，于是便极力追逐，虽然白手起家，振兴了家业，但最后又因为无厌的索取而丧失了一切。原因很简单，就是因为自己那颗难以满足的贪心。只知得寸进尺，不懂适可而止，早晚有一天会赔了夫人又折兵。

亲兄弟折箸，璧合翻作瓜分；
士大夫爱钱，书香化为铜臭。

※ 译文

亲兄弟不和，家产就会被瓜分；士大夫追逐钱财，就会使书香味变成铜臭味。

※ 评注

“打仗亲兄弟，上阵父子兵。”兄弟不和，小则瓜分家产，形同陌路，大则兵戎相见，家破人亡。只有兄弟齐心协力，才能使家道兴盛，共创一番事业。“书中自有黄金屋，书中自有颜如玉，书中自有口中粟。”才能学问都要在读书求知中得来，如果醉心于钱财利禄，丢弃书本的化育，即使偶有所得，也不能保持长久。

士大夫当为子孙造福，不当为子孙求福。
谨家规、崇俭朴、教耕读、积阴德，此造福也。
广田宅、结姻援、争什一、鬻功名，此求福也。
造福者澹而长，求福者浓而短。

※ 译文

士大夫应当为子孙造福，不应当为子孙求福。严谨家风家规，崇尚节约俭朴，教育耕田读书，广积阴德，这就是造福。广置田地宅院，暗中拉拢关系，争名夺利，买卖功名，这就是求福。造福可以使子孙平淡而长久，求福则使子孙疲惫又短暂。

※ 评注

为子孙后代广积田产与钱财，而不教子孙勤习德业，如何使家业保持长久？子孙后代总有坐吃山空的一天。唯有教子孙持家之法，比如勤俭节约、行善积德，才能使家业长盛不衰。这就如腰缠万贯不如一技在手的道理一样，只用不得，终将一无所有，一技在手则可即用即得。

士大夫当为此生惜名，不当为此生市名。
敦诗书，尚气节，慎取与，谨威仪，此惜名也。
竞标榜，邀权贵，务矫激，习模棱，此市名也。
惜名者静而休，市名者躁而拙。
士大夫当为一家用财，不当为一家伤财。
济宗党，广束修，救荒歉，助义举，此用财也。
靡苑囿，教歌舞，奢燕会，聚宝玩，此伤财也。
用财者，损而盈，伤财者，满而覆。

※ 译文

士大夫当珍惜自己一生的名誉，此生不该沽名钓誉。研读诗书，推崇气节，谨慎取舍，严肃威仪，这就是珍惜名誉。标新立异，攀龙附凤，公众场合哗众取宠，习惯于模棱两可、是非不分，这就是购买名誉。珍惜名誉的人清静无为，追逐名利的人浮躁笨拙。士大夫应正当使用自己的钱财，而不是随意地浪费。

救济乡邻，宣扬教育，赈济灾荒，扶助义举，这才是正当的用财。广置田产园艺，沉迷歌舞，积聚珍宝，这就是浪费钱财。正当用钱的人花了钱但收益颇丰，浪费钱财的人虽然花费了很多，但终将一无所有。

※ 评注

士大夫惜节爱惜名誉，不做损害自己名誉、毁坏自己人格的事情。而是研读诗书，谨慎取舍，言行一致，威严而又庄重；他们善用钱财来救世济俗，广结良缘而不敛财积富，纵财而专为满足个人欲望。延伸到现今来看，一个正直的人会谨言慎行，爱惜自己的声名却不做沽名钓誉之事；他勤劳节俭，节制欲望却肯于舍弃财物来有益他人，有助社会，士大夫之风犹存。

士大夫当为天下养身，不当为天下惜身。
省嗜欲，减思虑，戒忿怒，节饮食，此养身也。
规利害，避劳怨，营窟宅，守妻子，此惜身也。
养身者，啬而大；惜身者，膻而细。

※ 译文

士大夫应为担当天下大任而修养身心，不应只是为了个人私利而珍惜身心。除去嗜好欲望，减少思虑，戒掉愤怒成怨恨，节制饮食，这就是修身养性。规避利害仇怨，营造住宅房舍，守在妻儿身边，这便是因私利惜身。善于修养身心的人，不胡乱花费但又显大方；不懂惜身的人则既庸俗又琐碎。

※ 评注

爱惜身体的同时也要注重有所作为，有些人表面上也好似在修养身心，但在无意中却将自己置身于无用的境地。原因就是他们只在个人利益的圈子里旋转，而忽略了公众的利益，甚至损公肥私，侵害公众的利益，这样的人对社会有害无益。只局限于自己的天地中，容易使人迷失本性、不辨是非，做事独断专行，很难集思众议。只有冲破牢笼、思齐内省，明白何事当为、何事当禁，才可被称为有益于社会之人。

处难处之事愈宜宽，处难处之人愈宜厚，
处至急之事愈宜缓，处至大之事愈宜平，
处疑难之际愈宜无意。

※ 译文

处理难办的事情时应心胸开阔，与难以相处之人在一起时应淳厚朴实，处理亟待解决的问题时应轻舒缓慢，处理重大事情时应平和，处理疑难问题时应胸无成见，心有所持。

※ 评注

成就大事，克服困难，宜缓不宜急，需要默默留意，一点一滴去积累，时间长了才能见到成效。天下所有的事情，都是有理有势的，理要顺势而为，才能够自然顺心。如果势与理不合，就要徐徐而行，见机行事。如果急于求成，很可能偷鸡不成反蚀把米。天下大事，关键在于紧要处的那一时刻，只要留心用力，伺机而动，主要细节能够看得明，守得定，不失轻重之衡，便可成事。如果处处兼顾，时时关注，很可能会顾此失彼，因小失大。

君子做事，都带着疑问的态度，生怕出了差错，只有等到胸有成竹的时候才会采取行动。即使偶有失败，也会被世人归于命运不济或是事与势不相符，但君子之名不会因此而败亡。小人则不然，见有利可图时便不顾一切地冲上前，即使刀山火海也要闯一闯，明知不可为也要硬着头皮试一试，岂不可悲？

无事时，常照管此心，兢兢然若有事；
有事时，却放下此心，坦坦然若无事。
无事如有事提防，才可弭意外之变；
有事如无事镇定，方可消局中之危。

※ 译文

空闲的时候要谨慎小心如同有事要发生一样，有事的时候能够像无事一样泰然处之。没事的时候要提防有事发生，这样能防止意外的变故。有事的时候就像没事一样镇定，这样才能使局势转危为安。

※ 评注

空闲时不放松警惕，意外事故发生时便能及时应对，而不至于手忙脚乱，这便是以不变应万变。遇事时能保持镇定自若，便可力挽狂澜，缩手缩脚只会错失良机，使事情变得更糟。

当平常之日应小事，宜以应大事之心应之。
盖天理无小，即人事观之，便有一个邪正，
不可忽慢苟简，须审事之邪正以应之方可。
及变故之来处大事，宜以处小事之心处之。
盖人事虽大，自天理观之只有一个是非，
不可惊惶失措，但凭理之是非以处之便得。

※ 译文

处理日常生活中的小事要像对待大事一样细心。一般来说，天理是没有大小的，就我们来看，却有一个邪与正的区别，且不可疏忽懈怠，认真分辨事情的正邪才能找到应对的办法。等到事故来临时，处理大事时能够以处理小事般的心态对待。一般而言，虽然人事很大，但从天理来看就微不足道了，只有是非之别，不必为此惊慌失措，只凭天理的是非来对待处理就可以辨别清楚了。

※ 评注

事情不管是大是小，都有遵循的天理。如果能够判定是非，对正确的果断从事，即使鬼神也不会避讳的。遇到错误的停止脚步，就是千驷万钟也不为之所动。对于事理，能够洞察分明、条理清楚，能看透是中之非，非中之是，辨别出似是之非，似非之是，知道何时何地着手，便定能成大器。凡事如有先见之明，即使遇到困难也能顺利解决，先人一步，便胜过千万人，失去这一步，便会满盘皆输。古语有云：多事不如少事，少事不如无事。先哲圣贤讲求炼心之法，遇到大事就如同胸中无事一样，心中无事倒能使一切事情迎刃而解，这便是主静功夫的效果。

缓事宜急干，敏则有功；
急事宜缓办，忙则多错。

※ 译文

适宜迟些处理的事情应当及时办完，动作快就能提高效率；急事处理起来应当缓慢一些，匆匆忙忙容易出错。

※ 评注

事情有能够及时办完的就要趁早去做，如果一天天拖延下去，很可能就会错过时机，日后难以完成。事情凡是符合道义的方可去做，但需要的却是宽绰细密的心思，真实忍耐的性情，必须要从头到尾一步步做起，节次有序，缓急有章。如果急于求成，就会因匆忙疏漏，虚矫急迫，反而深受其害。

不自反者，看不出一身病痛；
不耐烦者，做不成一件事业。

※ 译文

不自我反省的人，是不能看到自身缺点的；没有耐心的人，是不能成就一番事业的。

※ 评注

今日世人情迷世务，追逐名利，没有一日不处于沉醉状态中。好名的人迷醉于朝廷官位，好利的人迷醉于世间财富，豪富的人则迷醉于声色车马。怎样才能获得一副清醒之剂，使人服下能够获得清醒呢？唯有自省这副清醒剂才能让我们看透人间的是是非非、功名利禄，除去一身病痛。小不忍则乱大谋，如果有一耐烦心，便可与天下任何人相处，便可成就任何功名事业。

日日行，不怕千万里。常常做，不怕千万事。

※ 译文

天天走路就不怕有千万里的路途，常常做事就不怕有千万件琐事缠身。

※ 评注

勤能补拙，熟能生巧。做事如能坚持不懈、渐进二意，便可战胜一切困难。时常从事一项工作，时间久了就成为自然，即使碰到再远的路程也不会为之胆怯。一天到晚忙于事务，即使有再多的琐事也会按部就班地去处理，而不会为之愁眉不展，不知何去何从。

必有容，德乃大；必有忍，事乃济。

※ 译文

必须要有宽容之心，德业才能宏大；必须要有忍耐之心，才能够把事情做好。

※ 评注

宽容别人，也宽容自己。宽容，对于别人而言是一次悔过自新的机会，对于自己而言则是提高修养的好时机。人们应该时常听听不同的意见观点，当我们遇到相反意见时，我们应该忍耐、忍耐再忍耐。当自己的意见不被别人接受时，我们完全可以心平气和地保留各自的意见，用不着大吵大闹，态度生硬，甚至伤害别人。

过去事丢得一节是一节。
现在事了得一节是一节。
未来事省得一节是一节。

※ 译文

过去的事能忘就忘记，现在的事能做多少就做多少，将来的事能不去考虑就不去想。

※ 评注

“我有一言君记取，世间自取苦人多！”世上有许多人整天烦恼不已，对曾经的过错耿耿于怀，对未来的好坏忧心忡忡，而对眼前的事却不知如何下手，其实这无异于庸人自扰。其实，人生可以浓缩为一句话：前半生不要怕，后半生不要悔。年轻时，就要大胆地开创事业，等到年老后再回头审视时，不要为曾经心生悔恨。后悔过去于事无补，只会增添惆怅，忘记烦恼、珍惜当下，才是最切实的行动。

强不知以为知，此乃大愚；
本无事而生事，是谓薄福。

※ 译文

本来不知却装作知道，这是最愚蠢的；本来无事却故意惹事，这是要减少福分的。

※ 评注

“知之为知之，不知为不知。”为学求知来不得半点虚假，如果不懂装懂，不会装会，不但自己得不到真学问，还会贻笑大方。没事找事，惹是生非，必会招致一些祸患，小则伤害身心，重则可能有性命之危，又岂有福分可言？

居处必先精勤，乃能闲暇；
凡事务求停妥，然后逍遥。

※ 译文

为人处世必须先精于勤奋，而后才能获得闲暇时光；凡事必须处理妥当才能逍遥自在地生活。

※ 评注

不少人有这样的通病，当无事可做时便心生懈怠，终日显得昏昏沉沉。一旦有事时便手忙脚乱，由于思想上一直处于散乱的状态，使事情难以圆满解决，这不可不多加警惕。凡事欲则立，不欲则废。事前做好准备，遇事时才能妥善处理，使生活轻松愉快。

天下最有受用，是一闲字，闲字要从勤中得来；
天下最讨便宜，是一勤字，勤字要从闲中做出。

※ 译文

天下最让人受用的是一“闲”字，空闲要从勤奋中得来；天下最讨得便宜的是一“勤”字，勤奋要从空闲中得来。

※ 评注

人如果产生丝毫的懈怠心理，就会使诸事半途而废。平日处事时心中又难免有些牵挂，从而拖累身心，从什么地方才能求得一点空闲呢？遇事也不可有半点慌乱，如有扰乱，则一出手就会犯错误，想完成一件事必会费尽周折，即使再勤奋也可能无济于事。

自己做事，切须不可迂滞，不可反覆，不可琐碎；
代人做事，极要耐得迂滞，耐得反覆，耐得琐碎。

※ 译文

自己处理事情切不可拖拖拉拉，颠三倒四，更不可太过琐碎；代人做事要耐得住迟缓拖沓，耐得住反复与零散。

※ 评注

处事最忌讳的是急躁鲁莽，急躁会使自己首先处于忙乱之中，又哪有时间处理事情呢？所以做事时应沉稳老练，胸有成竹。对自己的事要做到心中有数，及时处理，如果推托敷衍，事情便会越积越多，你最终被琐事缠身。处理他人之事要有忍耐性，能够经得起重复、零乱等枯燥环节的考验，这样才能受人重用，事有所成。

谋人事如己事，而后虑之也审；谋己事如人事，而后见之也明。

※ 译文

谋划别人的事就像谋划自己的事一样，这样事情便能考虑周全；谋划自己的事就像谋划他人的事一样，这样才能把世事看得透彻。

※ 评注

当事者迷，旁观者清。人最怕的是在处事中不明事理，胡乱行事，明明解决问题的关键就在眼前，可惜就是把握不住，而旁观者却看得一清二楚。当事者沉迷不醒，即使再聪明的人也会显得糊里糊涂，胆气再大的人也不知从何下手。因为当事者看到的是得失，旁观者看到的为是非，得失更多的是个人私利，是非则是公理所在，正是因为当事者得失之心过重，才会乱了方寸。

无心者公，无我者明。

※ 译文

没有私心的人处事公平，心中无我的人处事才显光明正大。

※ 评注

心无牵挂，不系功名利禄，不恋荣华富贵，胸中装的只是顺应天地自然万物的公理，这样的人必会秉公办事，不徇私情。心中不存任何成见，更无一己私利，做事便显光明磊落、公正严明。

置其身于是非之外，而后可以折是非之中；
置其身于利害之外，而后可以观利害之变。

※ 译文

使自己置身于是非之外，才能客观公正地评判是非；使自己置身于利害之外，才能洞晓利害的变化无常。

※ 评注

立场不同，看法必然相异。自家丢了东西首先怀疑的是左邻右里，而不是自己家人；评判用人，在不了解对方的情况下多会以貌取人，而不能从品行道德上下功夫；对颁布的法律条文是支持还是反对，多是从对个人的利害关系出发，而不是站在更广泛的民众立场上去客观审视。与自身利害无关的事便能评判得客观公正；不参与是非争斗的人，能看清双方谁是谁非。这所有的一切，都是源于是否把自己置身于是非、利害之中。

在事者，当置身利害之外；
建言者，当设身利害之中。

※ 译文

当事人应当置身于利害之外，提供建议的人应当置身于利害之中。

※ 评注

面对切身利害，沉迷其中就会偏执矫揉，歪曲事理，除去利害便能心地坦然，看透得失利弊，公正无私地处事。想让他人采纳自己的意见，就要身处利害之中，明白利在何处，有害于谁，这样便可见机行事，使所提的建议能起到立竿见影的效果。

无事时，戒一偷字；
有事时，戒一乱字。

※ 译文

没事的时候要禁戒偷窃，有事的时候要禁戒慌乱。

※ 评注

有涵养的人心思缜密，细致入微，即使有意外事故的发生，也能应对自如，而不会乱了手脚。平时做事粗心大意、丢三落四，证明学问不高、修养不深，往往因疏忽导致诸多过失，甚至出现致命的失误。

将事而能弭，遇事而能救，
既事而能挽，此之谓达权、此之谓才。
未事而知来，始事而要终，
定事而知变，此之谓长虑、此之谓识。

※ 译文

能消除将要发生的不好的事，遇到不好的事情能够有补救之法，当其发生后能挽救回来，这就叫达权，也就是所说的有才能。事情没发生便能预知，事情开始后便能料到结局，做事懂得其中的变化，这就叫深思熟虑，也就是所说的有见识。

※ 评注

遇到变故能够应对自如，或是及时补救，或是力挽狂澜，都显示了一个人高超的办事能力，但在智谋与精明方面，还稍有差距。能够未雨绸缪，未卜先知，对隐患事先做好准备，对事情的前因后果有预判能力，这才是更高一层的人才。他们做事更多凭借的是精明的头脑和便捷的方法，而不是一味埋头苦干，坚韧不屈。

提得起，放得下，算得到，
做得完，看得破，撇得开。

※ 译文

有见识的人做事能拿得起，放得下，猜算得到，做得完整，看得破，撇得开。

※ 评注

拿得起是一种浩然正气，对理应肩负的责任或困难不寻找理由推托，而是勇敢地面对，这便是大丈夫。放得下是一种解脱，摒除心中的妄念与欲望，放弃遥不可及的梦想，这是智者的选择。事先能猜测到结局，做事时能面面俱到，看得破功名利禄，撇得开荣华富贵，这便是无所不能的圣贤君子。

救已败之事者，如驭临崖之马，休轻策一鞭；
图垂成之功者，如挽上滩之舟，莫少停一棹。

※ 译文

挽救濒临失败的事，就好比是驾驭走到悬崖边上的马，千万不要轻易挥动皮鞭；要办完即将成功的事，就如同拉沙滩上的船一样，不可少划一桨。

※ 评注

有些事情表面看似发展到了无可救药的地步，但是还存在着一线生机，可是一些人此时为了补救败局，慌了手脚，总想尽快扭转局势。正是因为急迫地采取行动，才使最后一丝转机化为乌有，使希望变成了绝望。在通向成功的道路上，也有许多人犯下类似的错误，看到胜利就在眼前，便以为十拿九稳，于是心生懈怠、放松警惕，从而使即将到手的成果付之东流。可见，对近在咫尺的东西也不可掉以轻心，只有握到手中的才是有保障的。

以真实肝胆待人，事虽未必成功，日后人必见我之肝胆；
以诈伪心肠处事，人即一时受惑，日后人必见我之心肠。

※ 译文

用真诚之心待人，虽然不能保证事情的成功，但却让他人看到了我们的真心诚意；用欺诈虚伪的心肠处事，虽然能够使人受一时的迷惑，但事后他人总有见到我们真面目的时候。

※ 评注

帮助他人，要完全出自真心实意，不要太过计较结果的成败，只要我们尽心尽力，也就问心无愧了。以欺诈之心处事，就算使他人受到一时的蒙蔽，自己得到一时的利益，但终究是昙花一现。受蒙蔽的人总有看清我们本质的时候，等到狐狸尾巴露出来的时候，也就是我们一无所有的时候，甚至是遭受惩罚的时候。

天下无不可化之人，但恐诚心未至；
天下无不可为之事，只怕立志不坚。

※ 译文

天下没有不能教化的人，关键是看诚心有多少；天下没有做不到的事，关键是看志向有多坚定。

※ 评注

精诚所至，金石为开。只要我们诚心待人，耐心规劝，就算铁石心肠的人，也能被我们打动。有志者，事竟成。人只要立定志向，坚持不懈，无论多困难的事我们都能够解决。

处人不可任己意，要悉人之情；
处事不可任己见，要悉事之理。

※ 译文

与人相处，不能固执己见，要了解人情世故；处理事情不能刚愎自用，要明白事理。

※ 评注

社会中的每个人都不是独立存在的，如果与他人交往只按个人意志行事，不能替他人着想，就会失去人心，陷入孤立无援的境地。只有入乡随俗，设身处地为他人着想，才能创建一个美好而和谐的社会。劈木看纹理，做事凭道理。如果遇事不假思索，草率行事，必会错误连连，害人害己。

见事贵乎理明，处事贵乎心公。

※ **译文**

看待事的可贵处在于明白事理，处理事的可贵处是要有公道之心。

※ **评注**

对事理不明，就不能辨别是非，做事时便失去了依据的标准；内心不公正，就不能秉公办案，或是徇私枉法，或是颠倒黑白。只有理明心公，才能公正无私，才能看透世事，不被私心杂念侵扰身心，只知一心为公谋求福禄。

于天理汲汲者，于人欲必淡；
于私事耽耽者，于公务必疏；
于虚文熠熠者，于本实必薄。

※ **译文**

忙于追求天理的人，对人的欲望就淡薄了；忙于私事的人，对处理公务必然有疏忽之处；忙于矫揉造作的人，对内在的真我本性必然淡薄。

※ **评注**

鱼与熊掌不可兼得，有所得必有所失，有所失必有所得。那些忙于为正义奔走呼号的人，又岂会顾及个人的私利与欲望？那些一天到晚沉醉于世事人情的人，又哪有时间享受一下生活的快乐情趣？那些只知装饰自己华丽外表的人，又岂会体味到获得道德学问后的充实与雅致？

君子当事，则小人皆为君子，至此不为君子，真小人也；
小人当事，则中人皆为小人，至此不为小人，真君子也。

※ **译文**

君子执政，则小人都能变成君子，在这种情况下还有没成为君子的，那就是真正的小人了。小人执政时，一般的人都能沦落为小人，在这种情况下仍能远离小人的，那定是真正的君子了。

※ 评注

近朱者赤，近墨者黑。与真正的君子相处，一些行事不端的小人也可能弃恶从善，改邪归正。如果有连君子都不能教化他，那他必定是名副其实的小人了。与小人相处，一般的人因修持能力不够往往与小人为伍，日渐沦落。如果真有始终洁身自好、不落俗套的人，那必定是真正的君子。

居官先厚民风，处事先求大体。

※ 译文

为官从政要先使民风淳朴厚道，处理事情要先了解事情的本质所在。

※ 评注

古代治国主要有三种方法：仁政、法治、仁德与法治结合。在不同的环境里要采用相应的统治方法。此处所说的厚民风便可视为行仁政，以高尚的道德情怀去感召教化平民百姓，以树立良好的风气。处理事情首先要去了解事情的原委，而后才能判定是非，明辨是非后再去寻找解决之法。如果不明事情的内幕就胡乱下结论，必会歪曲事理，冤枉他人。

论人当节取其长，曲谅其短；
做事必先审其害，后计其利。

※ 译文

评价一个人首先要看到他的长处，原谅他的短处；做事必须首先考虑它的利害关系，这样才能趋利避害。

※ 评注

事是死的，人是活的。人犯了错不能妄下结论去否定，一棍子将其打死，如果给予宽容和谅解，犯错之人很可能就会重新做人，从而塑造新生的自我。但处理一件事却正好相反，任何事情都包含着利害两个方面，如果对有害的方面不加以防范制止，它将永远存在，给我们带来威胁。所以，做事要先看到利弊得失，懂得如何从事情中获得利益，消除危害，这才是成事的关键。

小人处事，于利合者为利，于利背者为害；
君子处事，于义合者为利，于义背者为害。

※ 译文

小人做事，以合乎于自己利益的为利，以有悖于自己利益的为害；君子做事，以与义相合的为利，以与义相悖的为害。

※ 评注

义是天下的公理，利是一己私利。为了个人私利，人往往生出许多占便宜的心思来。这并非因为世道变了，而是面前的这个公理损害到了自己的利益。如果心存私利孝敬双亲，此孝必不真；身为人臣，如果心存私利地效忠，其忠必不至。坚持公理有三：有利于自己，但也无害于他人，此为最下等的做法；有利于自己，也有利于他人，此为中等做法；有损于自己，但有利于他人，此为上等君子所为。

只人情世故熟了，什么大事做不到？
只天理人心合了，什么好事做不成？
只一事不留心，便有一事不得其理；
只一物不留心，便有一物不得其所。

※ 译文

只要了解了人情世故，还有什么大事做不到呢？只要合乎天理人心了，还有什么好事做不成呢？如果有一件事不留心，便不能明白这件事情其中的道理；如果有一物不留心，便有一物不能适得其所。

※ 评注

洞晓人情世故，并不是说要徇私情、袒护自己的亲人，而是为了更好地为人处事。如果不揣摩世故，便有可能曲解人情，因错怪好人而招致怨恨。做事要细心留意、时刻检点，正所谓心头有一分检点，便自有一分收获。唯有事事留心、一丝不苟，才能增进德业。

事到手，且莫急，便要缓缓想；
想得时，切莫缓，便要急急行。

※ 译文

对于手中亟待处理的事情，且不可急躁冒进，最好沉着应对；对于已经考虑成熟的问题，千万不可错失良机，而应抓紧时间尽快解决。

※ 评注

“缓”在此是详细谨慎。认真观察事情，小心谨慎地处理，便能做到稳中求胜，如果单纯地追求速度，便容易忽略完成的质量。“急”在此是果敢决断，而不是急于求成。做事要善于把握机会，当好的时机来临时就紧紧抓住，促成质的飞跃。一旦错失良机，将悔恨终生。

事有机缘，不先不后，刚刚凑巧；
命若蹭蹬，走来走去，步步踏空。

※ 译文

事情的成败是有机遇缘分的，这种机缘要恰到时机，不早不晚，才能成功；人的命运充满了崎岖坎坷，一生忙忙碌碌地奔走，没有追求，必将步步踏空。

※ 评注

人生的祸福、荣辱、得失，都有一定的偶然性。有些是我们所追逐，但费尽心思也无法得到的；有些是我们所厌恶，但却又偏偏让我们赶上了的，可谓是福不是祸，是祸躲不过。古人常说，生死由命，富贵在天。虽然这话有些偏颇，但也并非毫无道理。每个人的生死都是无法预料的，但幸福生活却是我们自己创造的，不应妄想着上天降临福分。

接物类

事属暧昧，要思回护他，著不得一点攻讦的念头；
人属寒微，要思矜礼他，著不得一毫傲睨的气象。

※ 译文

关系到他人隐私的事情，要考虑怎样回护，不能有半点想对其攻击陷害的念头；对于贫寒卑微的人，要想着尊敬礼待他们，且不可傲慢无礼，一副高高在上的姿态。

※ 评注

每个人都有不想让他人知晓的隐私，所以我们应当懂得尊重他人的隐私权利，只要是合法、正当的，我们就不能随意泄露。如果想通过别人的隐私陷害他人、谋取私利，必将遭到法律的制裁，落个搬起石头砸自己脚的结局。对不如自己的人，不要鄙视侮辱，而应以礼相待，如果用有色眼光看待人情世故，便会沦落为庸俗奸诈之人。

凡一事而关人终身，纵确见实闻，不可著口；
凡一语而伤我长厚，虽闲谈酒谑，慎勿形言。

※ 译文

如有一事关系到他人的终身，即使亲眼所见，也不能说出去；只要一句话就可能有损自己敦厚的品格，那么即使在喝酒闲谈的时候，也要谨慎自己的言行。

※ 评注

自身的弱点往往会成为他人攻击的突破口，而关系到切身利害的地方便常常被他人利用，以作为战胜我们的资本。因此，自身的弱点要及时纠正，这就像切磋武术一样，谁没有破绽，让对手无懈可击，便能取得胜利。塑造自己的德行也是如此，如果不谨慎自己的言行，在不经意间就可能因为一句粗俗或不切实际的话而有损自己的品德。

严著此心以拒外诱，须如一团烈火，遇物即烧；
宽著此心以待同群，须如一片春阳，无人不暖。

※ 译文

严守自己的良心以抗拒外界诱惑，就像一团烈火一样，在遇到外界的污秽杂物时能将其焚毁；对于身边的人要心存宽容，就像一片阳光般使每人都能感到温暖。

※ 评注

宽以待人，严于律己。对人宽容，并不是不分对象，更不是纵容包庇，而是给有挽救希望的人一次重塑新生的机会。而对于那些顽固不化、死不悔改的人，则应另当别论了。对己要严，是因为一些人在处理个人得失时往往常有私情，不能严格要求自己。志向不坚，便会一味地放纵沉沦，致使自己无所事事地了此一生。

待己当从无过中求有过，非独进德，亦且免患；
待人当于有过中求无过，非但存厚，亦且解怨。

※ 译文

对待自己应当在没有缺点的时候寻找缺陷，不能只是修养德行，还要避免灾祸；待人接物应当从对方的缺点中找到优点，这不只是厚道，还能够消除怨恨。

※ 评注

自己不犯错误，并不代表自己没有缺点，所以要时时自省，以追求卓越。修养德行，不能只是为了赢得他人的赞誉与尊重，更重要的是让自己生活得坦然快乐。看待他人不能只盯着对方的缺点，这样往往会犯以点盖面的错误，产生偏见与误解。只有全方位审视，才能客观公正地评价他人。

事后而议人得失，吹毛索垢，不肯丝毫放宽，
试思己当其局，未必能效彼万一；
旁观而论人短长，抉隐摘微，不留些须余地，
试思己受其毁，未必能安意顺承。

※ 译文

事后去议论他人的得失，吹毛求疵、说长道短、不肯放过丝毫，试想自己如果是对方，可能连人家的万分之一都做不到；在一旁评议他人的优劣长短，对他人的隐私寻根问底，不留情面，试想自己如果受了这样的诽谤，能安心忍受吗?

※ 评注

只是站在自己的立场看问题，必有许多偏颇处。如果能设身处地站在他人的位置上换位思考，我们才能更好地理解他人。事后论人，局外论人，是学者的一大弊病。事后论人，总是将智者说得愚笨无能，局外论人，总是将事情看得轻松简单。

遇事只一味镇定从容，虽纷若乱丝，终当就绪；
待人无半毫矫伪欺诈，纵狡如山鬼，亦自献诚。

※ 译文

遇到事情能够始终保持从容镇定，就算事乱如麻，也能最终分清头绪；待人没有半点矫揉造作、虚情假意，即使狡猾如同山鬼的人，也会对我们以诚相待。

※ 评注

遇事从容不迫、镇定自若，不管多么繁杂困难的事情都能应对自如，即使琐事缠身，也能来去自由，就算事理玄机深奥，也能透彻了悟。待人接物真心实意，对权贵之人不卑躬屈膝、阿谀奉承，对卑贱之人不趾高气扬、自以为是，这样的人必能得到世人的尊重，即使鬼神恐怕也要礼让三分。

公生明，诚生明，从容生明。

※ 译文

公正、诚实、从容不迫都能使人洞晓事理。

※ 评注

公正无私的人定是在辨明是非黑白后去行事，绝不会因一己私利而歪曲事实。以诚待人者，言辞举止皆出于本心，从不故意修饰伪装自己。从容不迫的人不畏权势，不落俗套，更不会见风使舵，一切行为都以公理为标准。由此可知，三种人对是非曲直都看得十分透彻明了，所以他们日常的所作所为也必为光明正大之举。

人好刚，我以柔胜之。
人用术，我以诚感之。
人使气，我以理屈之。

※ 译文

别人的性格刚强，我们就以柔弱战胜他。别人使用诡计，我们就以诚意感化他。别人愤怒，我们就以道理说服他。

※ 评注

人在斗争时总是紧握了拳头，但拳头放开后却可以拥抱四周。碰到什么性格的人就要采取相应的对策，刚强之人多吃软不吃硬，如果以硬碰硬，很可能两败俱伤。以柔弱待之，倒有可能战胜对手。他人如果处在愤怒的气头上，适合用道理来说服他，一味地责备批评只会使其处境更尴尬。

柔能制刚，遇赤子而贲、育失其勇；
讷能屈辩，逢喑者而仪、秦拙于词。

※ 译文

柔能克刚，所以即使像古代孟贲、夏育那样的大力士，在遇到小孩子时，勇力也会失去发挥之地。木讷可以制服能言善辩的谋士，遇到木讷、沉默之人，即使像张仪、苏秦这样的游说名家也无济于事。

※ 评注

柔弱之人如想取胜，只可智取，不可强攻。面对强敌，明知势单力孤，还硬着头皮出战，结果必败无疑。如能以哀兵的姿态迎战，或是以弱小麻痹敌人，倒有可能创造出取胜的战机。说话要看对象，如果对方是个无知之人，我们还要表现自己的伶牙俐齿，让其听了不知所云，这无异于对牛弹琴，或对着聋子生发感慨。

困天下之智者，不在智而在愚；
穷天下之辩者，不在辩而在讷；
伏天下之勇者，不在勇而在怯。

※ 译文

使天下有智慧之人感到困惑的，不是聪明的人而是愚钝的人；使天下有雄辩口才之人感到理屈词穷的，不是善辩者而是木讷的人；使天下勇敢之人感到折服的，不是有勇力的人而是怯懦的人。

※ 评注

精明聪慧的人，不怕比自己更聪明的人，如果遇到，反倒能进一步学习他人的智慧。他们怕的是那些愚昧之人。因为愚昧的人往往使他们无从下手，更不知如何面对，头脑中的智慧竟派不上用场。勇敢者遇到懦弱之辈也是这样，面对同样的强者，他们可以痛痛快快地较量一番，可对手如果是懦夫，还没有出手便使对方屈服，不但觉得胜之不武，更觉得有劲使不出，让人心里不自在。

以耐事了天下之多事，
以无心息天下之争心。

※ 译文

用忍耐之心了解天下的麻烦事，用淡泊之心平息天下的争斗。

※ 评注

忍一时风平浪静。忍不但是一种外在的涵养和品德，更多的时候，它能带给我们的是安宁与祥和。家庭成员间如能相互忍让，便可亲人和睦，生活幸福。朋友同事之间如能相互忍让，便可多交一些志同道合之士，少遇一些不必要的争端和伤害。拥有一颗淡泊之心，不过分计较成败得失，不被荣华富贵迷失本性，便能使生活轻松自在，身心恬静自然。

何以息谤？曰无辩。
何以止怨？曰不争。

※ 译文

怎样才能平息诽谤呢？保持沉默。如何才能制止怨恨呢？不去争辩解释。

※ 评注

诽谤与诬陷都是小人凭空捏造的，这些虚假的言行总有水落石出、大白天下的时候。愚笨的人面对诽谤则是极力辩解，总想及时澄清自己，结果倒使更多人对诽谤信以为真，把争辩当成了狡辩。而聪明的人则会保持沉默，因为他们明白实情不会被歪曲，过多的辩解在流言蜚语蔓延时是起不了作用的，与其徒劳辩白，不如静待事实的呈现。

人之谤我也，与其能辩，不如能容；
人之侮我也，与其能防，不如能化。

※ 译文

对于诽谤自己的人，与其和他争辩，不如给予容忍；对于侮辱自己的人，与其时刻提防，不如及时化解怨恨。

※ 评注

诽谤之人或是带着仇恨，或是带着嫉妒对人展开攻击，不达目的他们是难以罢休的，对诽谤者争辩或是仇恨，只会使局势进一步扩大。如果保持沉默，甚至更多地给予诽谤者宽容和忍让，倒有可能以博大的胸怀感化对方，为自己求得清白。对于侮辱自己的人也遵循同样的道理，时刻防范只会累及身心，只有从根本上化解仇恨才能求得安然。

是非窝里，人用口，我用耳；
热闹场中，人向前，我落后。

※ 译文

在是非的争论中，别人用嘴说，我却用耳朵听；在热闹的场所中，别人争着前进，我却向后倒退。

※ 评注

看他人对弈，有一句“观棋不语真君子”的格言，回味其中的道理，与在是非场外仔细倾听有异曲同工之妙。虽然不语，但眼睛看到了胜负的局势；虽然不开口，但从所听到的是非争论中知晓了谁对谁错。一言不发，就能看透世事中蕴涵的道理，这才是真正有智慧的人。

观世间极恶事，则一咎一慝，尽可优容；
念古来极冤人，则一毁一辱，何须计较！
彼之理是，我之理非，我让之；
彼之理非，我之理是，我容之。

※ 译文

看到人间最坏的事，像一点责备、一件邪恶之事，尽可给予更多的宽容；想起古往今来那些蒙受冤屈之人，我们所遭遇的一些诽谤和侮辱又算得了什么呢？你有理，我无理，我忍让着你；你无理，我有理，我宽容着你。

※ 评注

君子之间没有争斗，是其相互忍让的结果。君子与小人相处也没有争斗，是因为君子对小人的宽容所致。真正存在争斗的情况只会在小人之间发生。小人之间发生争斗，只会是两败俱伤，惹下祸端。有些事不一定要分出成败得失来，心中有评判的标准，行动的指南，便可在世间屹立不倒。

能容小人，是大人；
能培薄德，是厚德。

※ 译文

能宽容小人的人，才是胸怀大度的人；能培植德行的人，才是厚德载道的人。

※ 评注

路遥知马力，日久见人心。观察一个人的胸怀是大是小，关键要看他所容之人，对亲朋好友的容忍可谓人之常情，不能凭此便认为其胸怀宽广。如果能够容下小人，甚至是自己的仇敌，这才称得上是真正的大度胸怀。

我不识何等为君子，
但看每事肯吃亏的便是；
我不识何等为小人，
但看每事好便宜的便是。

※ 译文

我不知道什么样的人是君子，但只要看到每件事都肯吃亏的人便是君子；我不知道什么样的人是小人，但只要看到事事好占便宜的人便是小人。

※ 评注

古今之人教育子孙后代做好人，只有简单的十四个字，显得简妙真切：君子落得为君子，小人枉费为小人。不管是富贵，还是贫贱，都与命数有一定的关系。君子天生不比别人多什么，小人也不少什么，但成就的名望与事业却截然相反，归根结底，还是自己一手造成的。小人一心想着谋取利益，不愿吃亏，于名声事业不顾，但君子却甘愿忍受屈辱也要顾全节义，两者的区别自然就很明显了。

律身惟廉为宜，处世以退为尚。

※ 译文

严于律己只有廉洁最好，为人处事则是忍让最妙。

※ 评注

为官就要清正廉洁，为民造福。如果只知以权谋私、搜刮钱财，而老百姓怨声载道的话，那就枉为官的称号了。这样的贪官污吏终究难逃法网。如想修得廉洁，就要从勤俭做起，即使住在茅屋竹棚之中，也自有清幽的乐趣。

以仁义存心，以勤俭作家，以忍让接物。

※ 译文

以仁义为本，以勤俭持家，以忍让接人待物。

※ 评注

终身让路，不失尺寸，忍让是德行的根本。自古以来，忍让就可以消除无穷的灾祸，还没有听说因忍让而招来无穷祸患的。如果想要行忍让之道，首先要从点滴小事做起。每当想到天下大事时，能够受得小气，就不会遭受大气；能够吃得小亏，就不至于吃上大亏。如果总想着占人便宜，必会与他人产生争端，因为便宜是天下人共同追逐的。如果有人想据为己有，就会招致怨恨，只有放弃，才会消除众怨。

泾路窄处，留一步与人行；
滋味浓处，减三分让人尝。
任难任之事，要有力而无气；
处难处之人，要有知而无言。

※ 译文

道路狭窄的地方，留一步让给他人先过；味道浓烈的时候，让三分给他人品尝。碰到难处理的事情时，要有力量而不能发怨言；与难以相处的人在一起时，要心知肚明但不可言语。

※ 评注

学会与他人分享我们的快乐和利益，把他人当成自己的伙伴。相应地，他们也会把你当成伙伴，而后在所有人的精诚合作下，才能够做出更好的业绩。从实际利益和长远利益上来看，单赢策略毫无益处，因为它最后的结果是——赢得凄惨。让别人活就是让自己活，让自己活得更好。

穷寇不可追也，遁辞不可攻也，贫民不可威也。

※ 译文

穷途末路的敌人不可追，隐约含糊的话不可深究，在贫穷的人面前不能作威作福。

※ 评注

狗急跳墙，兔急咬人。对无路可走的敌人要放一条生路，求生是人的本能，如果欺人太甚、逼之过急，处于死亡线上的人会为了生存爆发出惊人的能力，这种能力是常人难以想象的，甚至是无法抵抗的。同样的道理，说话故意含混其词，证明背后定有隐情，不愿向他人提及，如果再三追问，必会招致厌恶。

祸莫大于不仇人，而有仇人之辞色；
耻莫大于不恩人，而诈恩人之状态。

※ 译文

最大的祸患是与他人无仇，但表面却是一副仇人似的言辞面色；最大的耻辱是不曾有恩于人，但却做出一副恩人似的姿态。

※ 评注

本来没有仇敌，但整天一副报仇雪恨的样子，必会使常人心生恐惧、不敢接近，如果真到了这种地步，好像天下人都成了自己的敌人。本来不曾有恩于人，但每天都摆出一副行善积德的姿态，好像别人欠自己多少似的，这必会引起他人的反感。

恩怕先益后损，威怕先松后紧。

※ 译文

恩惠怕的是先对人有益后对人有害，威严怕的是先松后紧，不能持之以恒。

※ 评注

对人先有害后有利，我们可能被视为改邪归正、弃恶从善的浪子，如果先前有恩于人，后来又因一些事反目成仇，则先前的恩惠就会化为乌有，使恩人变成了仇敌。威严松缓是为了给有悔过意愿的人一次机会，严厉是为了对待不可救药的人。如果一味地保持松或紧，就会放过不少罪不可赦者，或是冤屈了有良知的人。

善用威者不轻怒，
善用恩者不妄施。

※ 译文

善于使用威严的人不能轻易动怒，善于使用恩惠的人不能胡乱施恩。

※ 评注

恩威是治世的两大基本手段，从上到下，离此二字将会一事无成。如果运用不当，威严招来的将是愤恨，恩惠也不可能得到他人的感激，到时必会后悔不已。多数人只知道过于威严带来的弊端，却没有看到恩惠也会带来危害。乱施恩惠，如果不加节制，很可能会使受恩者得寸进尺，未得到恩惠的则心怀不平。

宽厚者，毋使人有所恃；
精明者，不使人有所容。

※ 译文

宽厚的人，不使他人有所倚恃；精明的人，不使他人无地自容。

※ 评注

宽厚之人，手中的权威常在，能使他人有所依靠；精明的人体贴理解人情，决不会一点情面不留。如果对人过于苛刻威严，自己根本不会得到真正的权威，那只是强迫威逼。人都是有尊严的，如果批评他人不留情，甚至伤害其自尊，这无异于把人逼上绝路。

事有知其当变，而不得不因者，善救之而已矣；
人有知其当退，而不得不用者，善驭之而已矣。

※ 译文

预料事情有变化，但不得不顺其自然，这样的人是善于补救的；知道有些人将要隐退但不得不用他的人，这些人便是善于驾驭的。

※ 评注

预判能力强的人，可以预测到未来可能出现的不利局面，事先做好应对准备，当事情来临时可以及时补救。刘备三顾茅庐，赵匡胤雪夜访赵普，都证明这些人善于用人，对于那些隐居山林的贤人志士，他们都能请其出山，为己效力，由此可知其驾驭人才的能力了。

轻信轻发，听言之大戒也；

愈激愈厉，责善之大戒也。

※ 译文

轻易相信他人，轻易发怒，这是听人说话的最大忌讳；劝人做好事不能过于激烈、过于严厉，越是过激他越暴躁。

※ 评注

古人云：水激横流，火激横发，人激乱作。君子做事切不可言行过激，否则不但于事无补，还会祸及他人与自身。言行要以使对方感到惭愧为目的，这样小人就可成为君子；如果以言行激怒对方，则君子就有可能成为小人。如果有些人激之不怒，也并不一定就证明其胸怀坦荡，很可能是别有用心，暗中不动。

处事须留余地，责善切戒尽言。

※ 译文

做事要留有余地，不可太过苛责，劝人行善切不可把话说尽。

※ 评注

曲木恶绳，顽石恶攻，劝勉他人行善的言辞，一定要谨慎小心。劝人行善首先要了解对方是什么人，有行善之意者方可规劝。进言时切忌提及他人的忌讳与过失，言辞不责备、不奉承、不矫揉造作、不吞吞吐吐，而应以理服人，以情动人，用忠告等打动对方的内心。俗话说“论人须带三分浑厚”，如果言语过多，或是说些华而不实的话，很可能会使对方产生厌恶之情，对劝勉有害无益。

施在我有余之惠，则可以广德；

留在人不尽之情，则可以全交。

※ 译文

尽自己所能去施恩于人，就可广修德业；留不尽的人情给别人，就可以成全朋友之义。

※ 评注

施恩于人，是积善行德的最好行动。施恩要出于真心实意，不能带有个人功利目的；施恩也不能是为了显示自己、贬低他人，更不能把施恩变成施舍或嘲讽。给人留些情面，就等于给对方留下了一条从头开始的崭新道路。如果吹毛求疵，不讲情面，就容易使人走上绝路，导致局面无可挽回。

古人爱人之意多，故人易于改过，
而视我也常亲，我之教益易行；
今人恶人之意多，故人甘于自弃，
而视我也常仇，我之言必不入。

※ 译文

古人教导他人多发自爱心，所以才使别人易于改过自新，亲自从事教导的人，也可使教导易于推行；现在的人教导他人多出自恶意，所以别人甘心自暴自弃，仇视教诲之人，则教育之言必不会被采纳。

※ 评注

即使在烈日严霜的日子里，也都蕴藏着一丝昭苏发育的意味，所以那些推行教导之言的人，只要坚持下去，必能冲破阻碍，光大教化之风。宣扬教化，规劝他人，不能只揭露社会和他人的弊端，必须先赞美长处，才能打开进言之门。当别人高兴的时候，可视为进言的好时机，但别人发怒的时候就难以听进我们的劝说了。可见，言辞要随时开导，随事讲说，切不可不分场合、时间、地点地胡乱言语。

喜闻人过，不若喜闻己过；
乐道己善，何如乐道人善。

※ 译文

喜欢听他人的过失和缺点，不如喜欢听到别人说自己的过失和缺点；喜欢说自己的长处，何不乐于说说别人的长处？

※ 评注

世人多喜欢听到别人的过失缺点，但讨厌别人说自己的缺陷，这表明这类人没有追求卓越、完善德行的精神；他们害怕别人知道自身的短处，便想通过长处来掩盖，岂不知缺点不除将危害终生？掩藏缺点，这就好比治标不治本，等日积月累，总有再度爆发的时候，到时危害将更加严重。

听其言，必观其行，是取人之道；
师其言，不问其行，是取善之方。

※ 译文

不但要听他人的言辞，还要观察他人的行动，这才是选用人的基本方法；只按他谈话的内容去做，不问他的道德行为如何，这是择善而从的正确方法。

※ 评注

听取他人言辞的人，往往以其言是否有益于自身为标准，有利则采之，有害则忤之。如果人人都以个人利害择言，那人的贤能与公正又去何处寻呢？选择善言从之，不能只停留在思想认识上，更重要的是要以正确的言辞来指导行动，做到言行一致，才能证明这是一个真正有进取心的人。

论人之非，当原其心，不可徒泥其迹；
取人之善，当据其迹，不必深究其心。

※ 译文

议论他人的是非，应当探究他人的本心，不能只局限于他外在的行为表现；学习他人的优点，要首先观察他的行为，不必深究他的动机。

※ 评注

论人情，只向薄处求；说人心，只从恶边想。他人所犯的过失，主要由两方面导致，一是因为失误，或者说是一时的疏忽；另一方面是为了谋求个人利益。前者根据实际情况可以给予其一定的谅解，后者就应给予其严厉的惩罚。

小人亦有好处，不可恶其人，并没其是；
君子亦有过差，不可好其人，并饰其非。

※ 译文

小人也有优点，不能因厌恶小人而将其优点一律抹杀；君子也有过错，不能因为喜欢君子就把他的过错掩饰不提。

※ 评注

人无完人，金无足赤。小人确实可恨，但并不是一无是处，所以评价小人不能全盘否定，在否定其行为的同时，也应看到他自身的优点。君子之名，人人爱好，但君子并不是完美无缺的，他们同样存在着缺陷，如果盲目追求、崇拜，忽略其个人的缺陷，必会因小失大。

小人固当远然，断不可显为仇敌；
君子固当亲然，亦不可曲为附和。

※ 译文

固然应当远离小人，但绝不能把他视为仇敌；固然应该亲近君子，但绝不能对其曲意奉承。

※ 评注

在不得已的情况下与小人相处，必须要外表和颜悦色，内心平静自然，决不能将其视若仇敌，甚至故意发难责备，不然就会招致小人的怨恨或报复。发现了对方是狡诈之徒，但不在言语上表示出来；受到了他人的侮辱，但不在面色上表示出来，这样不但可修养心性，还可避免不必要的正面冲突。

待小人宜宽，防小人宜严。

※ 译文

对待小人宜于宽容，防范小人宜于严厉。

※ 评注

待君子易，待小人难，待有才之小人则更难，待有功之小人则是难上加难。小人有功，可以优厚地奖赏他，但不可以虚情假意欺骗他。害人之心不可有，但防人之心不可无。小人常在暗中耍些阴谋手段，使人防不胜防，如不时加以防备，自己很可能就会成为被算计的目标。

闻恶不可遽怒，恐为谗人泄忿；
闻善不可就亲，恐引奸人进身。

※ **译文**

听到厌恶的事情不能马上动怒，以免被喜欢谗言的人利用而发泄心中的怨恨；听到顺耳的好事也不能欣喜若狂，一味亲近，以免给奸诈之人可乘之机。

※ **评注**

怒从心头起，恶向胆边生。处于愤怒中的人最容易在失去理智的情况下做出一些过激行为，而事后又追悔不已。所以，培养自己的忍耐性，节制愤怒是减少祸患的重要途径之一。遇喜则喜，遇忧则忧，难以控制自己的感情，这样的人往往成为他人陷害的对象，或是引诱，或是欺骗，都可能使其落入小人的圈套。不管是悲是喜，都能沉着冷静地面对，保持清醒的头脑，有自己所坚持的原则，便可保安然无事。

先去私心，而后可以治公事；
先平己见，而后可以听人言。

※ **译文**

先去掉私心，而后才能处理好公事；先去除个人偏见，而后才能听进他人的言论。

※ **评注**

私心不除，偏见不灭，做事情就难以秉公办理，很可能根据个人利益的得失来评判事情。看问题便会固执偏激，一意孤行，无法博采众议。俗话说，三个臭皮匠，顶个诸葛亮。个人的力量毕竟是有限的，即使再有远见，也难敌众人各方看法，能够取人之长，补己之短，才会德有所进，业有所成。关起门来搞建设，无异于故步自封。

修己以清心为要，
涉世以慎言为先。

※ **译文**

修身养性应以清心寡欲为关键，为人处事应以谨慎言行为重。

※ 评注

云淡风轻，心无牵挂，是修养身心者的风度，这样才会与世无争，最终修成正果。心无牵挂是一种觉悟，又是一种境界；是一种智慧，也是一种思维。心无牵挂，是一份真心，是无上的智慧，更是平凡的生活；它是生命的原点，是一种至高的人生境界，是处于喧嚣的尘世、亦能不为万念所动的心平气和、心明如镜，它清新自然、诙谐幽默，这就是清心寡欲的魅力所在！

恶莫大于纵己之欲，祸莫大于言人之非。

※ 译文

罪恶再大也比不上放纵自己的欲望，祸患再大也比不上诉说他人的短处。

※ 评注

罪恶有大有小，但究其根源，还是与自己的欲望有关。欲望是人作恶的驱动力，它得寸进尺，永不满足。欲望不除，作恶的脚步就难以停息，轻则可使君子丧德，重则性命难保。祸患不会从天而降，一切皆有缘由，我们平时在无意间说了他人一句短处，很可能就会给自己带来难以预料的灾祸。唯有谨慎言行，才会少惹事端。

人生帷酒色机关，须百炼此身成铁汉；
世上有是非门户，要三缄其口学金人。

※ 译文

人生路上遍布美酒女色的陷阱，必须努力修行成不受诱惑的铁汉；世上有诸多的是非之事，要像金人一样保持缄默。

※ 评注

金人：指慎言之人，出自《孔子家语·观周》“孔子观周，遂入太祖后稷之庙，庙堂右阶之前，有金人焉。三缄其口而铭其背曰：古之慎言人也”。一张嘴巴用好了可以建功立业，稍有不慎也可能招致祸患。春秋战国的纵横名家各方游说，真可谓：三寸不烂之舌，可敌百万之师。曹操手下的杨修才学出众，可惜最后因恃才放旷而招致杀身。

工于论人者，察己常阔疏；
狃于讦直者，发言多弊病。

※ 译文

专好议论他人是非的人，省察自己常常粗心大意；习惯于攻击正人君子的人，说话常常有错。

※ 评注

只顾把眼睛盯在别人的缺点上，又怎能顾及自身的不足？邪不压正，经常攻击那些正人君子，必会使自己处于理屈词穷的地步，即使再强词夺理，由于公理不在自己这边，也终将失败。

人情每见一人，始以为可亲，久而厌生，又以为可恶，
非明于理而复体之以情，未有不割席者；
人情每处一境，始以为甚乐，久而厌生，又以为甚苦，
非平其心而复济之以养，未有不思迁者。

※ 译文

人情常常如此：当初次见到某人的时候，总是感觉很亲切，时间长了便心生厌烦之感，甚至认为对方十分可恶，不是明白事理又能体察人情的人，必然会断绝交往；人情常常如此：每当身处某一境地时，开始总觉得很快乐，时间长了又厌倦起来，并感到十分苦恼，不是心平气和又不断修养德行的人，没有不想改变处境的。

※ 评注

友情不能保持长久，处境不能快乐常存，是因为没有一颗淡泊宁静的心。“淡中交耐友，静里寿延长。”真正的朋友是志同道合者，他们的相交又平淡如水，而不像饭桌上的酒肉朋友，表面称兄道弟，背地里相互诽谤。朋友之间有一点距离才显得美好，就像“朋”字一样，距离太近了，便成了“用”字，那就失去了朋友的意义。淡中交往，应取一个“志”字和“净”字。志趣相投，或以志同而交，或以趣和而往，不蔓不枝；或诗文唱和，或相濡以沫，貌似相忘江湖，实则心心相容，即所谓的“神交”。与人相交，就应突出一个“净”字，心底纯净，无私无欲，不以相交为饵，这就是俞伯牙、钟子期的高山流水之交。同时，淡中还需要“真”字，淡中存真，方是真淡。虚伪的平淡，无异于固门封户，绝交于人。

观富贵人，当观其气概，如温厚和平者，
则其荣必久，而其后必昌；
观贫贱人，当观其度量，如宽宏坦荡者，
则其福必臻，而其家必裕。

※ 译文

看富贵的人，应当观察他的气度，如果性情温厚和平，则荣华富贵会保持长久一些，而其子孙后代也必会长盛不衰；看贫贱之人，就应当看其度量，如果是宽宏坦荡之人，则福气必将马上来临，其家境也定会更加宽裕。

※ 评注

性情温和，可保养身心、益寿延年，将来必能享受更长的福分。如果教传给后代，形成良好的家风，便能世代兴盛下去。有些人确实贫穷，但他们并不低贱，甚至比富贵之人有更显高尚之处。如果贫穷之人志向坚定，度量恢宏，将来必有出头之日，使家道兴旺起来。

宽厚之人，吾师以养量；缜密之人，吾师以炼识。
慈惠之人，吾师以御下；俭约之人，吾师以居家。
明通之人，吾师以生慧；质朴之人，吾师以藏拙。
才智之人，吾师以应变；缄默之人，吾师以存神。
谦恭善下之人，吾师以亲师友；博学强识之人，吾师以广见闻。

※ 译文

宽厚之人，我们就学习他的修养度量；缜密之人，我们就学习他的练达与见识；慈祥之人，我们就学习他的领导才能；俭约之人，我们就学习他持家的能力；明智通晓事理的人，我们就学习他的智慧；质朴之人，我们就学习他的深藏不露；有才智之人，我们就学习他的应变能力；缄默之人，我们就学习他的修养身心之道；谦虚恭敬之人，我们就学习他亲近师友的做法；博闻强记之人，我们就学习他的见识。

※ 评注

孔子云：“三人行，必有我师焉。”如能敏而好学，不耻下问，便能增进才识，成就事业。有的人心思聪慧，我们便学习他的理解辨析能力；有的人德高望重，我们便学习他的德行与涵养；有的人善于处理人际关系，我们便学习他的交际与沟通能力。

认识到别人的长处，同时也要发现自身的缺点，要向比自己强的人学习，这样才能提高自己，取长补短。

居视其所亲，富视其所与，达视其所举，
穷视其所不为，贫视其所不取。

※ 译文

居家时看他所亲近的人，富贵后看他所施予的人，显达后看他所推举的人，窘迫时看他所放弃的事，贫穷时看他所不取的行为。

※ 评注

以上五条箴言，可以当作评定他人的标准。结交志同道合的朋友，拜认德高望重的老师，推荐德才兼备的人才，这些都是具有高尚道德品质之人的行为。小人与之正好相反，结交的是狐朋狗友之徒，拜认的是善施阴谋手段的狡诈之辈，任人唯亲，推举的都是自己的亲朋好友。

取人之直，恕其戆；取人之朴，恕其愚；
取人之介，恕其隘；取人之敬，恕其疏；
取人之辩，恕其肆；取人之信，恕其拘。

※ 译文

学习他人的直率，就要宽恕对方的憨厚；学习他人的朴实，就要宽恕对方的愚钝；学习他人的耿介，就要宽恕对方的狭窄；学习他人的恭敬，就要宽恕对方的疏漏；学习他人的口辩，就要宽恕对方的放肆；学习他人的诚信，就要宽恕他人的拘谨。

※ 评注

人有所长，必有所短，而且长处与短处往往体现在一个方面。做事谨小慎微的人，有时显得犹豫不决；处事公正无私的人，有时显得不近人情；为人诚实守信的人，有时显得过于木讷呆板；相处礼节过繁者，有时显得有点矫揉造作。所以，向他人学习最好忽略其短处，学习其长处，切不可忌讳长处，而择其短处。

遇刚鲠人，须耐他戾气；遇俊逸人，须耐他妄气；
遇朴厚人，须耐他滞气；遇佻达人，须耐他浮气。

※ 译文

遇到刚强耿直的人，需要耐得住对方的暴躁；遇到俊逸洒脱的人，需要耐得住对方的狂妄之态；遇到朴实淳厚的人，需要耐得住对方的迟钝缓慢；遇到佻达之人，需要耐得住对方的虚浮之气。

※ 评注

凡是与人相交，都不可求全责备，最好忽略他人之短，学习对方的长处。就像提取沙子炼金一般，目的是为了得到金子，不要太过计较沙子的好坏。

人褊急，我受之以宽宏；人险仄，我待之以坦荡。

※ 译文

遇到心胸狭窄、急躁冒进之人，要以宽宏大量的胸怀接纳他；遇到阴险狡诈之人，要以坦荡的心胸对待他。

※ 评注

器量小且性情急躁的人容易对待，因为他们只是在德行方面修养不够，并没有什么歪斜的念头，只要我们有容人之量，不与他争执计较就可以了。但用心险恶的小人就例外了。如果一味退让，给予宽容，很可能会使对方变本加厉地向我们展开进攻，适时地给予反击，才不会让我们受其危害。

奸人诈而好名，他行事有确似君子处；
迂人执而不化，其决裂有甚于小人时。

※ 译文

奸诈之人爱好名声，在做事时也的确有像君子的地方；迂腐的人顽固不化，与他们的决裂有胜过与小人决裂的时候。

※ 评注

外君子，内小人，名为伪君子。一些狡猾之辈往往会披着君子的外衣去迷惑他人，以求得功名利禄。虽然小人善于伪装，但即使伪装得再完美，也难逃那些善辨真伪之人的眼睛。小人的可怕，源于他们在背后悄无声息的攻击，但只要我们学会防守，便会让对方无从下手。但生活中遇到的迂腐之人有时更难对付，他们的危害在于错失良机和扰乱思想，虽然本心没有恶意，但往往导致事业功败垂成。

持身不可太皎洁，一切污辱垢秽，要茹纳得；
处世不可太分明，一切贤愚好丑，要包容得。

※ 译文

修养身心不能太洁白纯净，最好能容纳所有的污秽诟病；处事不能太过分明，最好能够包容所有的贤愚美丑。

※ 评注

精明需要暗藏在深厚中才能收到成效。古人所遭遇的祸患，精明人占了十之七八，但深厚之人却很少有遭遇灾祸的。三国时期，吴国派了两位辩士去蜀国，这二人相互争辩起来，诸葛亮对此深感忌讳，后来二人都因罪被杀。原因就是两人对某些事的黑白太过分明。可见，生活中的一切事不一定非要分出个是非曲直来，睁一只眼，闭一只眼，让其糊里糊涂地过去，倒能避免不必要的麻烦。

宇宙之大，何物不有，使择物而取之，
安得别立宇宙，置此所舍之物？
人心之广，何人不容，使择人而好之，
安有别个人心，复容所恶之人？

※ 译文

宇宙之大，什么东西没有呢？如果选择自己的有用之物，怎么能另外建造一个世界，放置不需要的事物呢？人心之广，什么人不能容呢？如果专选择自己喜欢的人与之相交，那么又怎能去容纳自己所厌恶的人呢？

※ 评注

拨开胸中的荆棘，以便与人没有分别地坦然交往，这便是天下第一宽闲快乐的世界。处世不可太过严苛，挑三拣四。麒麟凤凰，虎豹蛇蝎，都是自然界生命的一分子，只要它们不危害我们，为什么非要有分别心呢？如果我们能洗肠涤胃，尽去浊秽，用宽容的胸怀看待万物，便更能感受世界的博大与美妙。

德盛者，其心和平，见人皆可取，故口中所许可者多；
德薄者，其心刻傲，见人皆可憎，故目中所鄙弃者众。

※ 译文

德行高尚的人，心气平和，觉得每个人都有可取之处，所以他口中称赞的人多；德行浅薄的人，心存刻薄，见谁都心生憎恨，所以眼中瞧不起的人多。

※ 评注

圣人看人，觉得人人都是圣人；贤人看人，觉得不是贤人就是不肖之人；不肖之人看人，则皆是不肖者。世人喜欢说天下没有好人，其实是因为他们不能够忠心待人，不能够宽恕他人所致，所以眼中看到的只是仇恨。

律己宜带秋气，处世须带春风。

※ 译文

约束自己要像秋风扫落叶一般严厉，为人处事要像春风拂面一样轻柔。

※ 评注

对待他人，言辞要和缓，语气要委婉，稍有苛刻，就可能会招致怨恨。对待自己，则要严明公正，稍有松懈，就可能会铸成大错，后悔终生。

善处身者，必善处世，
不善处世，贼身者也；
善处世者，必严修身，
不严修身，媚世者也。

※ 译文

善于修身养性的人，必定善于处世，不善于处世的，就容易破坏对身心的培植；善于处世的人，必定严于修身养性，不严于修身的人，定是随波逐流的人。

※ 评注

修身养性是为了更好地处世，不善处世的人必定在身心方面的修养不够。同样的道理，善于处世的人在日常生活中很注重身心的培养，如不注重修养身心，就会定力不够，难有所持。可见，两者互为因果，相互促进，如果一方出现差错，另一方必会有所反映。只有统筹兼顾，才会相得益彰。

爱人而人不爱，敬人而人不敬，君子必自反也；
爱人而人即爱，敬人而人即敬，君子益加谨也。

※ 译文

爱别人而别人不以爱心待自己，敬别人而别人对自己不以礼相待，这样的情况君子必须自我反省；爱别人而对方就会以爱心对待自己，敬别人而别人就会尊敬自己，此时的君子应更加重视自己的言行。

※ 评注

人敬我一尺，我敬人一丈。这就如同用拳头打人一样，虽然打到了对方，但疼痛的却是两个人。如果与人相交能心平气和，有了矛盾争端能互相体谅，对双方来说皆大欢喜。如果争执不休，互不相让，伤害的也必是双方，谁都得不到好处。

人若近贤良，譬如纸一张；以纸包兰麝，因香而得香。
人若近邪友，譬如一枝柳；以柳贯鱼鳖，因臭而得臭。

※ 译文

人如果多与贤良之人接近，就如同用一张纸包住了兰花、麝香，纸也会因包住了香料而有香气。人如果与奸佞之人接近，就如同用一根柳条串鱼、鳖，柳条也会因此而散发臭气。

※ 评注

近朱者赤，近墨者黑。经常与圣贤之人相处，即使小人也可能会被转化成君子；经常与奸诈之徒为伍，即使君子也会受其影响。那些平凡的人将来能成为君子还是小人，就在一步之间，选择圣贤为师，便可成就功业与美名；如果亲近小人，则必会走上邪路。

人未己知，不可急求其知；
人未己合，不可急与之合。

※ 译文

对不了解自己的人，不能急于让其了解；对于与自己意见不合的人，不能急于让他顺从自己的意见。

※ 评注

好不如好散，因为好散有益于终身，处理一件事，交往一个人，都遵循这个道理。日久见人心，了解一个人是需要一段过程的，如果争着与人相知相交，反倒让对方认为我们有着不良的企图。只有随着时间的流逝，才能让他人全面而客观地了解自己。真君子处事风霜自挟，毋鱼鸟亲人，更不会强人所难。对方与自己意见不合，不要总认为自己正确，对方错误，公说公有理，婆说婆有理。只有把双方的意见对比一下，才能明白谁的更完善。

落落者难合，一合便不可离；
欣欣者易亲，乍亲忽然成怨。

※ 译文

孤独的人难与之相交，一旦相交便不可分离；喜欢热闹的人容易亲近，贸然亲近也可能会突结仇怨。

※ 评注

博弈之交不终日，饮食之交不终月，势利之交不终年，只有道义之交，才可相伴终身。喜欢热闹的人虽然容易亲近，但遇到利害关系时就可能会破裂。这就像一群聚在一起嬉戏的狗，俯仰跳跃显得很快乐，如果扔一块骨头给它们，它们便会争先恐后地去争抢，甚至斗得口鼻流血。

能媚我者，必能害我，宜加意防之；
肯规予者，必肯助予，宜倾心听之。

※ 译文

能向我献媚的人，也可能会害我，必要加以防范；肯规劝我的人，必定肯帮助我，最好认真倾听他的话。

※ 评注

爱听奉承话，就如同鸩之入口，蛇之螫肤，终会深受其害。平时爱好直言进谏的人，在患难时定不会弃主而去，做不仁不义之事。献媚之人善于巧饰，所以花言巧语往往会迷惑他人，这样的人定要严加防范。有些人忠心直言，陈说利弊，虽然言辞显得激烈，但却是真心实意地想帮助对方。

出一个大伤元气进士，不如出一个能积阴德平民；
交一个读破万卷邪士，不如交一个不识一字端人。

※ 译文

出现一个伤害人世元气的进士，不如出现一个能积阴德的平民百姓；结交一个读书万卷的邪恶之人，不如结交一个一字不识的老实人。

※ 评注

有才之人比比皆是，但具有的才能是好是坏就另当别论了。有人精明强干，但误入歧途，靠精明去为非作歹，欺骗百姓，这种才能又有何用？还不如做一个才智一般、安分守己的平民百姓。交友易，择友难。因为朋友有优劣之别，交些志同道合的朋友会有益终生，如果结交的是些鸡鸣狗盗之士，必会受其累害。

无事时，埋藏着许多小人；
多事时，识破了许多君子。

※ 译文

没事的时候，隐藏的小人是不会露出真面目的；有事的时候，有许多君子却露出了险恶的用心。

※ 评注

不与哑巴说话，不知道对方不能言语；不与聋子交谈，不知道对方无法听见。如想辨别小人与君子，最好的方法是将其放在功利场中，小人对利益会趋之若鹜，君子则是保持淡泊宁静的心态，此时，谁是伪君子、谁是真小人，就一目了然了。

一种人难悦亦难事，只是度量褊狭，不失为君子；
一种人易事亦易悦，只是贪污软弱，不免为小人。

※ 译文

有些人既难以取悦又难以与其共事，他只是度量小，但这并不能证明他们就不是君子；有种人容易相处也容易取悦，但却贪污懦弱，这样的人归根结底还是小人。

※ 评注

有的人每天都是笑容可掬的样子，但内心却充满无限的苦涩；有的人说话吞吞吐吐，含糊其词，但内心却能洞察事理，明白无误；有的人表面严肃，显得难以接近，但交往起来却是热忱温和、谦恭慈祥。人在为人处事的各方面并非都是表里如一的，有的甚至正好相反，如果单凭表象去断定一个人，必有出现偏差、看错人的时候。

大恶多从柔处伏，须防绵里之针；
深仇常自爱中来，宜防刀头之蜜。

※ 译文

大的罪恶多隐藏在柔软之处，要小心防范藏在丝绵里的针；深仇大恨常因爱而生，定要严防刀刃上的蜜糖。

※ 评注

错误或过失常常是在不起眼的地方或是由个人疏忽造成，让人难以预料、无从防范。诸葛亮命马谡守街亭，本以为会稳操胜券，后来才知用错了人，失去了北攻曹魏的最好机会。龟兔赛跑，谁都认为兔子必胜无疑，哪知兔子却因骄傲自大而失去了绝对优势，把胜局拱手相让。做事来不得半点马虎，要时刻提醒自己不要放松警惕，以免因小失大。

惠我者小恩，携我为善者大恩；
害我者小仇，引我为不善者大仇。

※ 译文

给我恩惠的是小恩，教我从善的才是大恩；害我的人是小仇，引诱我为恶的是大仇。

※ 评注

给人物质上的帮助，不如教其学会营生的一技之长。拿对贫困人口的扶助来说，钱财物品虽然能解一时的燃眉之急，但无法从根本上消除贫困。最好的方法还是让他们自力更生，寻找到从根本上解决贫困的途径，或是因地制宜发展生产，或是依靠科技开辟新的致富手段。支援是输血，但不稳定，失去了血液来源就会死亡；自力更生是造血，虽然辛苦，但很持久。

毋受小人私恩，受则恩不可酬；
毋犯士夫公怒，犯则怒不可救。

※ 译文

不接受小人的恩惠，一旦接受了就难以报答；不要触犯士人的公愤，触犯了就难以平息。

※ 评注

小人之恩不可得，得之将后患无穷。小人的恩情必不怀好意，如果接受了他们的恩情，就等于拥有了制约我们的把柄，到时便会被其牵制，受其利用。成为某人攻击的目标并不可怕，因为我们可以防备，如果成为众矢之的，恐怕就防不胜防了。俗话说，恶虎难敌群狼，好汉难敌四手。以一己之力与众人争，必败无疑。这就告诉我们：与人民大众为敌，必定没有好下场。

喜时说尽知心，到失欢须防发泄；
恼时说尽伤心，恐再好自觉羞惭。

※ 译文

高兴的时候把知心话说尽，到交情破裂的时候就应防止对方以此泄愤；生气的时候什么话伤人说什么，小心和好时觉得羞愧。

※ 评注

兴奋时谨慎言行，失意时抑制愤怒。酒逢知己千杯少，话不投机半句多。尤其是在高兴的时候，一般人往往会侃侃而谈，无所顾忌，很可能会不慎道出伤害他人的话。怒火中烧的人往往无法控制情绪，而易做出过激的事，说出过激的话，深深伤害到一些人。等事过之后，又常常后悔难当，真可谓自作自受。

盛喜中勿许人物，盛怒中勿答人言。

※ 译文

非常高兴的时候不要对别人有所许诺，以免做不到；盛怒之下不要回答他人的问题，以免说错话。

※ 评注

高兴的时候多是心情十分舒畅、精神十分放松的时候，如果有人此时提出要求，很可能会不假思索地应承下来。但事后又觉得挺为难，因为我们无法兑现承诺，结果反倒落了个失信于人的名声。盛怒之时最好能耐得住，切不可胡言乱语，如若不然，很可能就会因为一个平常的问题而节外生枝，惹下祸端。

顽石之中，良玉隐焉！寒灰之中，星火寓焉！

※ 译文

顽石之中隐藏着美玉，寒灰之中闪烁着星火。

※ 评注

车到山前必有路。在挫折面前，我们可以失望，可以埋怨，但绝对不可以绝望，因为人生并不像你我想象的那般模样，只要我们保持积极向上的动力，不轻言放弃，不妄自菲薄，就一定能够战胜所有困难，从而看到生命中更为可贵的地方。明天的幸福总要立足于今天的修行，只要我们把握当下，利用自己的青春年华去努力开创一番事业，而不是将自己的生命浪费在碌碌无为中，我们就能找到一片属于自己的天空。

静坐常思己过，闲谈莫论人非。

※ 译文

一个人静坐时要时常想想自己的过失，闲谈时千万不要议论他人的是非。

※ 评注

静坐之时，是一个人心底最明澈、头脑最清醒的时候，如果能反省自身，改正过错，必能增进德行。闲谈时，经常有因言语不慎而惹是生非的，指责他人的错误，揭露他人的隐私，甚至恶语中伤诽谤，都会在无意中提及，会给自己带来麻烦。

对痴人莫说梦话，防所误也；
见短人莫说矮话，避所忌也。

※ 译文

对痴迷之人不要胡言乱语，以防他被误导；对矮小之人不说不中听的话，以避免忌讳。

※ 评注

与糊涂之人相处，尽量少说话。对方无法理解，我们多费些心神倒还无所谓，怕的是让对方产生误解，歪曲了我们的意思，使我们蒙受不白之冤。说话看对象是语言艺术的一个重要方面。当着矮人不说短话，如果为了显示自己，而故意言及对方的缺点，不但伤人，还会害己。

面谀之词，有识者未必悦心；
背后之议，受憾者常至刻骨。

※ 译文

当面奉承的话，有见识的人未必就会为此而高兴；背后议论他人的是非，被议论者听到必会恨之入骨。

※ 评注

奉承话少说，诽谤话勿言。对于一些爱听虚浮之言的人来说，奉承话确实能够起到一定的作用。而对于那些明事理、懂人情的人来说，奉承话未必就管用，甚至还会使对方产生厌恶之感。背后论人是非多为小人之举，如果让他人听见，必会结下仇怨。实话实说，实事求是，才是为人处事的基本准则。

攻人之恶毋太严，要思其堪受；
教人以善毋过高，当使其可从。

※ 译文

指责他人不要太过严苛，要想想他是否能承受；教人行善不要要求过高，应以使其能够接受、听从为准。

※ 评注

批评指责他人不可过于苛刻，如果求全责备，逼之过急，很可能会使其丧失生活的动力，产生绝望的心理，或者变本加厉，一错再错。只有给予改过自新的机会，良言相劝，才会使他们悔悟。教人行善要依据他人的天性本能，切不可急于求成，所谓欲速则不达，如果操之过急，可能会适得其反。

互乡童子则进之，开其善也；
阙党童子则抑之，勉其学也。

※ 译文

对于缺乏教养的孩童，要教育他上进，开导他做善事；教养好的孩童，要抑制他的骄横之气，以鼓励其再攀高峰。

※ 评注

阙党：相传为春秋时孔子授徒的场所，在洙泗之间。孩童作恶要及时教诲，如果不严加管教，甚至包容庇护，必会贻害其终生。孩童好比是一棵小树苗，如果长歪了就要及时扶正，否则就会歪得越来越严重。即便长大了，因为不是参天大树，而是弯弯曲曲的，也没有多大用途。

不可无不可，一世之识；
不可有不可，一人之心。

※ 译文

不要认为没有什么不可为的，这是没有原则，这是人一生的见识；不能认为有些人和事不对，这是偏见，是一个人的本心。

※ 评注

武术的最高境界是以无限为有限，以有限为无限。举一反三，任何事都是如此，只要肯去做，敢去做，定有成功的一天。三天打鱼，两天晒网，不能专心致志地坚持下去，则必败无疑。有了不同的看法，不要总是以为自己的正确他人的错误，有此想法的人是因心存偏见导致的。评判是非对错，最好放在人群前，由大家下结论。

事有急之不白者，缓之或自明，毋急躁以速其戾；
人有操之不从者，纵之或自化，毋苛刻以益其顽。

※ 译文

事情有急迫不能理解的，和缓下来就可能会明白，急躁的心情只会使事情更糟；不守节操的人，故意放纵他有可能会使其省悟，如果急于制止责备，反会进一步增加他的顽劣。

※ 评注

着急达到目的的人，眼中只有速度，忽略了效率，甚至连一些基本的事理都忘记了，所以经常犯些致命的过失。越是关键或临近终点的时候，越要集中精力缓慢行事，如果此时出现失误，将会使先前的一切努力付之东流。

遇矜才者，毋以才相矜，
但以愚敌其才，便可压倒；
遇炫奇者，毋以奇相炫，
但以常敌其奇，便可破除。

※ 译文

遇到自以为是的人，不要与他比较才能，只有用愚笨的方法与他抗衡，才可以制服他；遇到自我夸耀的人，不要用奇特的东西与他较量，而是以平凡的东西来对比他的新奇，便能消除对方的炫耀之心。

※ 评注

以硬碰硬，以强制强，并非取胜的最好方法。能够以柔克刚，以静制动，才是克敌的上乘功夫。自以为是的人缺少的是挫折和打击，以强取胜，对方可能不服，如果用常人认为比较笨拙的方法战胜他，必会使其有深受侮辱的感觉，从而可能会使其自省。

直道事人，虚衷御物。

※ 译文

以坦诚直率待人，以虚怀若谷之心驾驭万物。

※ 评注

人有好坏，事有虚实。胸中一定要有主见，对事理不明，就会处事不公，以致颠倒是非，黑白不分。不管是居家，还是在外，要养成就事论事、就人论人的习惯，心中切不可沾染俗念尘垢，要保持心地清净，才可虚中悉理，不会被他人的言语所惑。

岂能尽如人意，
但求不愧我心。

※ 译文

怎能所有的事都让人满意？但求无愧我心就已心满意足了。

※ 评注

人情有公亦有私，凡事有利亦有弊。完美的事物是不存在的，为人处事又怎能得到所有人的认可呢？最好的处世之道还是无愧于心，能够得到多数人的支持我们就可以大胆地行进了，不要在意个别人说什么。

不近人情，举足尽是危机；
不体物情，一生俱成梦境。

※ 译文

不近人情世故，走到哪里都是危机四伏；不体察自然万物，一生就像一场虚无缥缈的梦境。

※ 评注

说话不留情面，做事不留余地，必会四面树敌；不通自然性情，不晓万物之理，就不会获得前进的动力和奋斗的精神支柱，一生昏昏沉沉，庸庸碌碌，到头来就像做了一场梦一样。

己性不可任，当用逆法制之，其道在一忍字；
人性不可拂，当用顺法调之，其道在一恕字。

※ 译文

不可太过任性，制止任性适宜用逆反法，其原则在于“忍”字；人性是不能违背的，最好用顺应法来调理，其原则在于一个“恕”字。

※ 评注

放纵任性之人，大都缺少忍耐。静可修身，俭可养德，忍可避祸。保持一个心平气和的心态，便能让我们求得内心的安宁愉快，获得生活的悠闲自得，这不仅可以修身养性，还有延年益寿的功效，从而才能达到无所为而无所不为的逍遥游境界。

仇莫深于不体人之私，而又苦之；
祸莫大于不讳人之短，而又讦之。

※ 译文

最大的仇恨是不能体谅别人的隐私而又使其困苦不堪；最大的祸患莫过于不避讳他人的短处而又对其攻击迫害。

※ 评注

利用他人的隐私或短处做手脚，以乘人之危的方式取胜于人，这是最让人仇恨的行为了。以公平的决斗取胜，才会让人心服口服。

辱人以不堪必反辱；伤人以已甚必反伤。

※ 译文

侮辱别人太过分必定会反受其辱；伤害别人过深必定会反受其伤。

※ 评注

过分之事不可为，为之则深受其害。每个人都有忍耐性，但忍耐又是有限度的，如果对他人侮辱过分、伤害过深，必会招致激烈的反抗。在我们心目中，原本以为逆来顺受的人，此时会有惊人的爆发力，做出让人难以想象的反击行动。所以，为人处事还是留些余地好，以免对方狗急跳墙，更重要的是减少自己所惹的仇恨。

处富贵之时，要知贫贱的痛痒；值少壮之日，须念衰老的辛酸；
入安乐之场，当体患难人景况；居旁观之地，务悉局内人苦心。

※ 译文

身处富贵的境地时，要知道贫苦人的感受；正值身强力壮的年纪时，要想到衰老后的心酸；平安快乐的时候，应当体恤患难人的景况；站在旁观者的立场上，一定要懂得局内人的苦心。

※ 评注

曾经有一位富人在温暖的家里饮酒，对他人说："今年的冬天很暖和，看来这节气很不稳定呀！"一位贫穷之人在门外听到此话后，顿足捶胸地说："外边节气与往常没有什么区别。"由此可知，富贵人只知享受自己的生活，又怎能知道贫苦人对时令的真实感受呢？范仲淹在《淮上遇风》一诗中说："一棹危于叶，旁观欲损神。他年在平地，毋忽险中人。"一叶扁舟在水中摇摇欲坠，他人看了都心惊胆战。等到在平坦的大地上时，却又时常忽略了扁舟在水中的危险。这就是立场不同所导致的看法。

临事须替别人想，论人先将自己想。

※ 译文

遇到事情必须为他人着想，议论别人时先要想想自己的对错。

※ 评注

自私自利之人遇事总是先为自己打算，如能事前先替他人着想，必会使人因自己大公无私的精神而感动。议论别人时能够先想想自己在这方面是否也有不足之处，如果同样存在着缺陷，就应先正己，后正人。只有自己做到了，别人才会心悦诚服地接受我们的批评或教诲。

欲胜人者先自胜，欲论人者先自论，欲知人者先自知。

※ 译文

想战胜别人须先战胜自己，想评价他人须先评价自己，想了解别人须先了解自己。

※ 评注

无论是通往胜利的殿堂，还是寻求生活的坦途，道路上最大的敌人不是来自外部的恶劣环境或他人的阻隔，而是自己的不自信、不坚强，或是心态过于紧张，或是情绪过于激动。所以说，只有战胜自己，才能无敌于天下。同理，评论他人前要先客观公正地评价自己，了解他人前要先知道自己属于何种性格。

诗人三自反，处世两如何。

※ 译文

对待他人时要时刻反省自我，处世时要反复思量自己的行为。

※ 评注

只言片语悟前生，反躬自省重做人。只有自我反省，才会体悟到生活真谛；明白舍得之理，进退之机，才会品得百态人生之滋味，懂得如何摆脱浮躁、迷惘与空虚，求得坦然、清醒与充实。自省心明后，便会有一泉沁心的溪水，为我们带来永生的快乐。

待富贵人，不难有礼而难有体；
待贫贱人，不难有恩而难有礼。

※ 译文

对待富贵人不难做到有礼，但做到得体就比较困难了；对待贫贱人做到施恩容易，但做到以礼相待就比较困难了。

※ 评注

对待富人要有平常心态，既不媚俗巴结也不过份清高与之保持距离。做到不卑不亢方是与他们的相处之道。对待贫穷人，既不鄙视看不起对方也不对之格外特殊照顾，反而对他们的关心要不露痕迹，这样才能保有他们的自尊心。

对愁人勿乐，对哭人勿笑，对失意人勿矜。

※ 译文

面对愁苦之人，不要表现出快乐的样子；面对哭泣之人，不要表现出高兴的样子；面对失意之人，不要表现出骄傲的神态。

※ 评注

愁苦之人必有烦心事，如果在其面前尽显快乐的神态，必会使对方愁上加愁，心里不是个滋味。哭泣之人遇到的必然是伤心事，此时他们最需要的是安慰，如果我们言辞间还带有几分笑容的话，就可能会使对方产生误解，以为我们幸灾乐祸。最好也能表现出悲伤的表情，以显示我们的同情与怜悯之心。

见人背语，勿倾耳窃听。
入人之室，勿侧目旁观。
到人案头，勿信手乱翻。

※ 译文

看到有人在暗中议论，不要侧耳倾听。进入别人的房中，不要东张西望。来到他人的桌案前，不要随手乱动。

※ 评注

他人暗中的闲言闲语，多是诽谤诬陷之辞，听其言对我们有害无益，所以最好远离那些背语之人。来到他人的家中，要显得举止大方、彬彬有礼，如果目光游弋、左顾右盼，这轻浮的举止就容易引起他人的顾忌与猜疑，甚至造成误解。他人的东西在未经许可的情况下不要随便翻动，这既是对他人的尊重，也有利于自己养成良好的生活习性。

不蹈无人之室，不入有事之门，不处藏物之所。

※ 译文

不走进没有人的房间，不接近是非之地，不停驻于藏有物品的地方。

※ 评注

即使身处平静安定的环境中，也要时刻想着躲避灾祸。哪怕是走进庵庙寺观，也要多加谨慎，断不可走入深处及僻静之所。在现实中从天而降的祸患并不是没有。如想抵御这些灾难，也没有太多的好办法，只能加强防备、提高警惕了。

俗语近于市，纤语近于娼，诨语近于优。

※ 译文

低俗的话语接近于市井中人所说，纤细柔腻的话语接近于娼妓所说，嬉戏的话语接近于唱戏人所说。

※ 评注

俗不可耐之话勿言，言之必沦为市井小人；曼声细语之言勿发，发之必成为轻薄无礼之人；嬉笑怒骂之词勿吐，吐之便沦为戏子游艺之辈。故此，出言要慎，稍有不谨，便可使名誉毁于一旦。

闻君子议论，如啜苦茗，森严之后，甘芳溢颊；
闻小人言语，如嚼糖霜，爽美之后，寒沍凝胸。

※ 译文

听君子的议论就像喝苦茶，虽然开始苦涩，但过后便会流溢出甜美的滋味；听小人的谄言蜚语，就好像嘴里吃了块糖一般，但事后，便会有寒冷之感袭上心头。

※ 评注

君子之言诚恳直爽，虽然有时让我们难以接受，但确实可以扶正我们的言行，提高我们的道德修养。小人的阿谀奉承就如蜜糖一般，虽然可以让我们得到精神上一时的快乐，但于道德修养没有任何益处。如果听惯了奉承话，便会对他人善意的批评熟视无睹，甚至导致我们是非不分，真假难辨。

凡为外所胜者，皆内不足；
凡为邪所夺者，皆正不足。

※ 译文

凡被外在事物战胜的人，都是因自身修养不够导致的；凡被奸邪压倒的人，都是因自身不够正直导致的。

※ 评注

看到他人的尊敬或怠慢后，有些人就会立刻表现出喜悦或愤怒的神色，这都是修养不足的外在表现。宠辱不惊，遇事沉着冷静，碰到喜事不张扬卖弄，碰到悲伤不沉沦颓废，这才是有修为的人。邪不胜正，不能战胜邪恶的人，就证明自己还不够正直，还存有让邪恶乘虚而入的空子。

存乎天者，于我无与也，穷通得丧，吾听之而已；
存乎我者，于人无与也，毁誉是非，吾置之而已。

※ 译文

命由天定的人，自身无法参与干涉，穷困显达得失，自己都听天由命；由自己决定的事，与别人没有什么关系，褒贬是非，对其置之不理就可以了。

※ 评注

我们没有作恶，即使遭受到诋毁，又有什么好内疚的呢？我们没有做善事，却得到了赞誉，这又有什么好兴奋的呢？自古以来的圣贤君子，没有不遭受诽谤的。所以说，君子的行为是小人所厌恶的，如果不为小人所厌恶，这样的人定不能成为君子。如果听到诽谤，须察明这诽谤之言从何而来，更要明白这诽谤之人是君子还是小人。以上便是区分诽谤者和被诽谤者人品的方法。

小人乐闻君子之过，君子耻闻小人之恶。

※ 译文

小人喜欢听到君子的过失，君子则耻于听到小人的恶行。

※ 评注

人品的高下与好坏全都区分在这里，它也体现了存心厚薄。君子少过，但并不是无过，于是小人便想通过君子的一些过失展开诋毁与诽谤，以达到自己不可告人的目的。君子追求的是无上德业，耻于有过，但不耻于改过。对于他人的过失，君子虽深以为耻，但并不置之不理，而是给予劝勉与指导。君子与小人的区别，由此可见一斑了。

慕人善者，勿问其所以善，恐拟议之念生，而效法之念微矣！
济人穷者，勿问其所以穷，恐憎恶之心生，而恻隐之心泯矣！

※ 译文

羡慕别人的善行，就不要问对方如何行善，以免心生猜疑而使学习他人行善的念头减小。救济穷困之人，不要问其为何贫困，以免产生了厌恶之感而泯灭了怜悯之心。

※ 评注

行善莫问缘由，一切出自本心即可。如果究其缘由，便会因一些假行善之人的目的所误导，从而对行善失去信心。救济贫困之人，一切皆出于怜悯与同情心，不要问其为何沦落到如此窘境。否则，我们很可能会因为受到了一些人的欺骗而对救济贫困有心灰意冷的感觉。

时穷势蹙之人，当原其初心；
功成名立之士，当观其末路。

※ 译文

处于贫困没有权势地位的人，应当探求他的本心；对于功成名就之士，要看他最后的结局。

※ 评注

生活贫苦，地位低下，但却野心勃勃，总是妄想有朝一日能够咸鱼翻身，位居他人之上，甚至胸中充满心机手段，伺机谋取个人利益。有不少成就功业之人，在身退后认为失去了约束与监督，便开始凭借关系或威望徇私舞弊，以身示法，结果使大半生的功业付之东流，毁于一旦。

踪多历乱，定有必不得已之私；
言到支离，才是无可奈何之处。

※ 译文

经历了数不尽的磨难，一定有迫不得已的苦衷；话还没有说完便戛然而止，这才是无可奈何的表现。

※ 评注

悲观的人认为磨难给人带来的是伤害与苦痛；乐观的人认为磨难给人带来的是经验与教训。言不能尽，虽有苦衷，但乐观的人认为把不能说的话藏在心底，未必有害身心，如果说出去可能会害己害人。而悲观的人为此表现出的只是无奈，甚至绝望，让自己陷入难以自拔的境地。

惠不在大，在乎当厄；怨不在多，在乎伤心。

※ 译文

恩惠不在大小，而在于它是否救济了处于困境中的人；怨恨不在多少，关键看它是否伤害到了别人的内心。

※ 评注

救人施恩要看准时机，切不可胡乱救济。明明对方不需要帮助，我们却施以恩惠，这很可能会使对方产生误解，以为我们在炫耀自夸，把自己的一片好心当成了别有用意。只有对身处困境中的人施以援手，才能体会到助人的快乐。怨恨也是如此，无论亲朋好友，还是素不相识之人，玩笑中的几句怨言是不会结下仇恨的，如果有意言及他人的短处，故意伤害别人，必会遭到他人的记恨。

毋以小嫌疏至戚，毋以新怨忘旧恩。

※ 译文

不要因为小小的过节而疏远亲友，不要因为新近的怨恨而忘记了曾经的恩情。

※ 评注

不拘小节，才能成就大业。因为一些无伤大雅的矛盾或过失便有意疏远、怀恨他人，必会为自己狭窄的心胸付出代价，把自己推入孤立无援、众叛亲离的地步。有仇可以报仇，有恩也要报恩，但不能因为有仇便抹杀了恩情，而将自己陷入不仁不义的恶名。

两惠无不释之怨，两求无不合之交，两怒无不成之祸。

※ 译文

双方都想到施以恩惠，即使再大的怨恨也能消除，双方都能以和为贵，便没有不能交好的朋友，双方都怒不可遏，便没有酿不成的祸患。

※ 评注

交朋友要交志同道合的，拜老师要拜授业解惑的，结夫妻要找真心相爱的。化解仇恨也需要双方的努力，只有相互忍让，才能大事化小，小事化了。如有一方不肯善罢甘休，仇恨便不能消融。如果双方都愤怒不已，便会使仇恨进一步加深，最终也只能是两败俱伤的结局。这就如同在独木桥上相遇的两个人一样，只要有一方肯退让，矛盾就会迎刃而解。

古之名望相近则相得，
今之名望相近则相妒。

※ 译文

古时候，名望差不多的人能够相处融洽，而今天名望相当的人却相互妒忌。

※ 评注

自古至今，能相互宽容、相互忍让的人，便可相得益彰，各得其所。如果只想个人利益，而不肯退步，便会将道路封死。自己退却了，并没有吃亏，目的是为了让道路变得更通畅，行进的速度更迅速。如两不相让，就有撞车的危险。

齐家类

勤俭，治家之本。忠孝，齐家之本。
谨慎，保家之本。诗书，起家之本。
积善，传家之本。

※ 译文

勤俭是治家的根本。忠孝是齐家的根本。谨慎是保家的根本。读诗书是兴家的根本。积善是传家的根本。

※ 评注

勤俭是养生治家的基础，这不仅是一种美德，也是所有家庭成员理应遵守的规范。四体不勤则收获薄寡，奢靡妄废则无以厚积丰家。所以，我们在人生道路上要克服享乐主义和拜金主义的诱惑，洁身自好，做一个克勤克俭的人。无论是持家、经营企业，还是治理国家，学会理财是成功与否的关键因素。因为事业的成功仅靠良好的人际关系、先进的管理方法和熟练的业务能力是不够的，理财是其中的基础环节，如果我们想过上幸福的生活，就必须多学点理财的知识。

天下无不是的父母，世间最难得者兄弟。

※ 译文

天下没有不正确的父母，世间最难得的是兄弟之情。

※ 评注

可怜天下父母心，无论父母的言行多么不合情理，但其用心绝对是为了使自己的儿女生活得幸福。只不过有时他们急于求成，导致了一些失误。“打仗亲兄弟，上阵父子兵。”兄弟之情如手足，相互之间无须用过多言语来表达，那份亲情只是流淌在血液中，常人不知，但彼此都明白。

以父母之心为心，
天下无不友之兄弟。
以祖宗之心为心，
天下无不和之族人。
以天地之心为心，
天下无不爱之民物。

※ 译文

以父母的爱子之心作为自己的心，天下便没有不可以结交的兄弟。以祖宗之心作为自己的心，天下便没有不和睦的族人。以天地之心作为自己的本心，天下便没有不值得去关爱的百姓和事物。

※ 评注

父母的爱子之心最纯正真实，虽然儿女无法用言语尽情表达，但心灵的感受却永生难忘。祖宗之心为的是传承家业，使后辈和睦相处。天地之心尽显博爱胸怀，世间的自然万物皆为子女，天地不会偏袒谁，也不会疏远谁，而是公正无私地对待一切。

人君以天地之心为心，
人子以父母之心为心，
天下无不一之心矣。
臣工以国家之事为事，
奴仆以家主之事为事，

天下无不一之事矣。

※ 译文

作为君主，就应以天地之心为己心，作为子女，就应以父母之心为己心，如此天下就没有不一致的心了。臣子要以朝廷之事为大事，奴仆要以主人之事为大事，这样天下就没不成功之事了。

※ 评注

身为一国之君，首先要有天地的博爱胸怀，不但要爱民如子，还要关心江山社稷、国事兴衰。身为儿女，如能以父母待己之心去待人，则天下必会大同如一，没有任何偏私之处。臣民以国家大事为重，奴仆以主人之事为重，万众一心，齐心协力，天下还有什么困难不能被征服的呢？

孝莫辞劳，转眼便为人父母；善因望报，回头但看尔儿孙。

子之孝，不如率妇以为孝，妇能养亲者也，

公姑得一孝妇，胜如得一孝子；

妇之孝，不如导孙以为孝，孙能娱亲者也，

祖父得一孝孙，又增一辈孝子。

※ 译文

孝敬不要怕辛苦，转眼间自己就身为人父人母了；做善事不要期待回报，回头间便看到了自己的儿孙。儿子孝顺不如引导媳妇孝顺，媳妇孝顺能够奉养双亲，公婆如能得到一个孝顺媳妇，胜过得到一个孝顺儿子；媳妇孝顺不如教导孙子孝顺，孙子能够使父母快乐，而祖父得到一个孝顺的孙子，便又增添了一辈孝子。

※ 评注

孝敬双亲是中华民族的传统美德，“老吾老以及人之老，幼吾幼以及人之幼”，孝敬是从上至下，从下至上的可以延续的美好行为。上一辈人身体力行，自然会为下一辈的子孙做好榜样；下一辈的子孙孝达顺服，上一辈的人则会怡寿天年。中华民族的美好传承，正是在这样不断地交接传扬棒的过程中得以延续的。

父母所欲为者，我继述之；

父母所重念者，我亲厚之。

※ 译文

父母想要做的事，我继续努力去做；父母所思念的人，我视为亲人厚待他。

※ 评注

凡是父母生前想要完成但没有做到的事，子孙后代应该继续完成。如果有兄弟，有姊妹，必为父母临终前垂念之人，身为兄长就要照顾、关爱他们，以告慰父母在天亡灵。有叔伯，有宗族，都是祖上不能忘却之人，我们后辈应当体恤、周济他们，以使祖上泉下有知。有亲戚，有邻朋，都是祖上力求帮扶之人，我们应当给予援手，以无愧于祖上遗训。

婚而论财，究也夫妇之道丧；
葬而求福，究也父子之恩绝。

※ 译文

婚姻之事论钱财，毕竟丧失了夫妇之道；丧葬讲求祈福，毕竟断了父子之间的恩情。

※ 评注

现代人的婚姻常常追求奢华，其实也不过是追求虚名而已，实际的好处又有哪些呢？道德比不上人家而追求衣饰的时尚，家道不能治理而竞相追求攀比，因此而败德蠹家、离间骨肉的不在少数。古人云：先有人而后有地，先有德而后有人。总想找风水宝地乞求阴德，岂不知积善的多少是福分的基础？那些富贵人家的坟地，如此奢华，但这些人家的后代往往又转变成了贫贱之人，所以说富贵是不能向天地乞求的，还是要靠自己的双手去创造。

君子有终身之丧，
忌日是也；
君子有百世之养，
邱墓是也。

※ 译文

君子应在祭日终身服丧，坟墓是君子延续宗族的依靠。

※ 评注

志石墓碑，不在禁例。树碑一通，不必过于高大，只要所葬之人生前是可亲可敬之人。碑面上不一定具有显赫的记录，只要所葬之人生前安守本分。

兄弟一块肉，妇人是刀锥；
兄弟一釜羹，妇人是盐梅。

※ 译文

兄弟好比是一块肉，妻子好比一把刀或一根锥，任其剜割；兄弟好比一锅汤，妻子好比是调味品，随意调配。

※ 评注

剜割也好，调配也罢，都有不当之处。古人多认为妇人之见过于短浅，丈夫才有远识，因为他们是平日素明义理之人，所以古时少有一家之主为女性的，她们的责任也只局限在操持家务这一方面。明朝郑濂就曾对明太祖朱元璋说过如下一言：“治家之道，惟不听妇人言而已。”这也印证了在中国封建社会中女性低下的地位。

兄弟和，其中自乐；
子孙贤，此外何求？

※ 译文

兄弟和睦相处，便会自得其乐；子孙贤孝，还有其他的要求吗？

※ 评注

兄弟间的手足之情无法割舍，以亲情为基础的兄弟如能和睦相处，只要团结起来，多大的困难也能克服。如果兄弟不睦，甚至手足相残，必会使家道败落。子孙后代都能行孝悌之举，孝敬父母，关爱兄弟姐妹，这便是对祖上最大的慰藉和回报。

心术不可得罪于天地，言行要留好样与儿孙。

※ 译文

用心不能够违背天地之理义，言谈举止要给儿孙留个好榜样。

※ 评注

用心计，耍手段要在大的前提下实行，那就是不违背天理和人伦道德，否则必会遭到上天的惩罚和世人的声讨。身为父兄，教育子弟要言传身教，以身作训。所谓有其父必有其子，如果父兄不能起到表率作用，在为人处事方面不守章法，也必会使子弟沾染上不良风气。

现在之福，积自祖宗者，不可不惜；
将来之福，贻于子孙者，不可不培。
现在之福如点灯，随点则随竭；
将来之福如添油，愈添则愈明。

※ 译文

现在的福气是祖宗遗留下来的，不能不珍惜；将来的福气是留给子孙的，不能不培植。现在的福分就好像在点灯，随着燃烧将会消耗殆尽；将来的福分就如同添加灯油，越多越明亮。

※ 评注

世上那些登临高位之人，自以为多读些书，而后能学以致用便可拥有一切。其实不然，虽有才智和权势，但恣意傲慢，无所忌讳，不知积善行德，家道就不能保持长久。一点一滴的福分也都是从祖父殷勤处得来，如果不知道积累德行，继承发扬祖上恩泽，兴盛的家道又岂能保持长久？

问祖宗之泽，吾享者是，当念积累之难；
问子孙之福，吾贻者是，要思倾覆之易。

※ 译文

祖宗留下的恩泽在哪里呢？我们现在享受的就是，所以应当体念当初祖宗积德的艰难；子孙享受的福泽在哪里呢？我们遗留下来的就是，所以要想方设法保持长久。

※ 评注

我们所享受的幸福生活，都是由祖上一代代人创造积累的阴德，祖辈所付出的艰辛与磨难，是我们后人无法体会的，所以只有继承祖宗之志，弘扬家道之遗风，才能告慰祖宗灵位。子孙后代的幸福同样也离不开我们的积累，如想让后辈生活美满，我们不能只知享受祖上的遗德，还要多为后人谋富贵。

要知前世因，今生受者是，
吾谓昨日以前，尔祖尔父，皆前世也；
要知后世果，今生作者是，
吾谓今日以后，尔子尔孙，皆后世也。

※ 译文

现在我们所承受的就是前世之因，我说从前你祖父、父亲，都是指望前世；今生我们所做的便是后世之因，从今往后，你的儿子、孙子都是后代。

※ 评注

无论是前面的古人，还是后世的来者，所走的都是一条路。不同的是前人开拓了路，我们走起来更为平坦了，为了感念前人恩德，也为了使后人走得更为平稳，我们的任务就是进一步拓宽加固道路。如果只知走，不知修，路就会越来越窄，越来越崎岖，到时就成了一条死路。

祖宗富贵，自诗书中来，子孙享富贵，则弃诗书矣；
祖宗家业，自勤俭中来，子孙享家业，则忘勤俭矣。

※ 译文

祖宗的富贵是从诗书中得来的，子孙享受了富贵，就会抛弃诗书；祖宗的家业来自勤俭，而子孙在享受家业时，却时常忘了勤俭。

※ 评注

祖上积累留下的富贵，如果我们只知享用，不懂得与后人分享，不懂得通过更多的途径去获取、去保持，总会有坐吃山空的一刻。如想保持家业，勤俭节约是标，创造积累是本，只有标本兼到，才可以长盛不衰。

近处不能感动，未有能及远者。
小处不能调理，未有能治大者。
亲者不能联属，未有能格疏者。

一家生理不能全备，未有能安养百姓者；
一家子弟不率规矩，未有能教诲他人者。

※ 译文

连身边亲近的人都不能感化，又怎能感化其他人呢？小事都不能够解决，又怎能处理好大事呢？亲密的人都不能够和睦相处，就更不要说那些关系冷漠的人了。一家生计不能照顾，就不能安养百姓；一家子弟缺少规矩，就不能够教诲他人。

※ 评注

亲朋好友都不能够被自己感化，却妄想感召万民，拯救天下，这岂不是天方夜谭？一些鸡毛蒜皮的小事都做不好，却妄想成就丰功伟业，名垂千古，这岂不让人笑掉大牙？一屋不扫，又何以扫天下？

持家理财，有一处不谨慎，就可能会使家道衰弱。由小及大，统治天下，就不能不奉养国民，使社稷稳固。自家子弟在为人行事方面有缺陷，就证明教子弟不严，自身有过失，如去教诲他人，又怎能得到信任？

至乐无如读书，至要莫如教子。

※ 译文

天下最快乐的事没有能比得上读书的，天下最重要的事没有能比得上教导好子孙的。

※ 评注

人心的灵动，只有靠读书才能培养。不然，就会心意颠倒，产生妄想，不管遇到逆境还是顺境，都难以体会到快乐的情趣，这些都是不读书的后果。读书不但可以承继家声，还可以使人对我们心生敬重。翻看历代仕宦显赫之家，不管是隐退还是遭遇变故，其家声都依然甚盛，如果后代没有了读书之人，则家声便会陡然失去。

如想教育好子孙，首先要把邪正两途给他们讲明白，使之在出发前能够立定脚跟，找准方向，这样才会做起事来有把握。现在的父兄，只想使身世荣耀，却不思保养心性。或是迷恋于声色货利，或是趋附于权焰威宠，这不但上辱祖考，还下毒儿孙，真是危害无穷呀！

子弟有才，制其爱毋弛其诲，故不以骄败；
子弟不肖，严其诲毋薄其爱，故不以怨离。

※ 译文

子弟有才能要克制溺爱，同时还不能放松对他们的教导，以免他们因骄傲而失败；子弟不成材要严加教诲，但也不能减少对他们的爱，以使他们不会因怨恨而远离。

※ 评注

教导贫贱之家的儿女，还可以稍微宽松一些，如果是富贵之家的子弟，就需要严厉一些。因为娇贵之人多养成了颐指气使的恶习，如果没有严父贤师的共同勉励管束，将来必定难成大器。教育富贵之家子弟，要让他知晓贫贱的意味。看看自古以来的圣贤，哪一位不是从贫贱中来呢？在贫贱中才会想到自立，自立之后，才能成就百事。

子弟愚顽无志，如果管教过于严厉，很可能会使其自暴自弃，甘于下流。在适当的时机给予鼓励，才能使其振作起来。为官从政者在为百姓做主时，定要赏罚分明，只有奖励与督责并用，仁政与法治结合，才能达到齐家治天下的目的。

雨泽过润，万物之灾也；
恩宠过礼，臣妾之灾也；
情爱过义，子孙之灾也。

※ 译文

雨水过多是万物的灾害；恩宠泛滥超过礼节，是大臣婢妾的灾祸；情爱多于仁义，是子孙后代的灾难。

※ 评注

对儿女过于溺爱，就会伤及他们的身体；对儿女过于姑息迁就，就容易导致他们伤风败俗。严师出高徒，看古人教导后辈，无一不是从严厉做起的。今人教子，却是处处疏忽宽纵，不太留心，从而使儿女德行败坏。等省悟时，才知道禁止已不可能，诛之又不忍心，真是进退两难、追悔莫及。

安详恭敬，是教小儿第一法；
公正严明，是做家长第一法。

※ 译文

安然祥和、恭敬慈爱是教育孩子的首要方法；公平正直、严肃分明是做家长的第一准则。

※ 评注

看子弟能否成才，不必只观其才华是否有过人之处，关键还要看其有没有谦虚谨慎的作风和奋发向上的精神。教人成才，就像用刀切物一样，本应公平对待，使其长短相当，但在面对自己的子弟时，大都显得情多而义少，易私而不易公。如果人人都按自己的想法去做事，天下就没有成才之人了。唯有刚正之人，才能不以私恩失其正理，所以古人以父母为严君，使家法显得威严。

人一心先无主宰，如何整理得一身正当？
人一身先无规矩，如何调剂得一家肃穆？
融得性情上偏私，便是大学问；
消得家庭中嫌隙，便是大经纶。

※ 译文

人心中没有主宰，又怎能够使自己本行端正呢？人的言行如果没有规矩，又怎能把家治理得严肃庄重呢？能消灭性情上的狭隘，便是大学问；能够消除家庭中的嫌隙，也是治家的大学问。

※ 评注

没有规矩，无以成方圆。一家之中，老幼子女，如果没有一个规矩礼法，是无法治家的，即使眼前一时兴旺，但衰败的景象早晚会来到。父子、兄弟、夫妇，家中只有这三亲，如果一处有乖张之气，就会影响全家人。自古以来的人伦变化、国势兴衰，无一不与规矩的把握有关。

遇朋友交游之失，宜剀切，不宜游移；
处家庭骨肉之变，宜委曲，不宜激烈。

※ 译文

看到朋友有过失，应切实地指出来，不要犹豫不决；遭到家庭的变故，应当委婉平和地处理，不要过于激烈。

※ 评注

知己好友可谓亲密无间，无话不谈，相互取长补短，共同进步。如果一方有过失，另一方必会直言不讳地指出错误，帮助其纠正改进。碍于情面而包庇纵容的朋友，必定得不到真挚的友情。家庭成员间有了矛盾或隔阂，不要轻易动怒，最好以委曲来求取圆满。古代的大舜、闵子之所以能够成为孝子，就是因为他们在艰难的困境中能够委曲求全。

未有和气萃焉，而家不吉昌者；
未有戾气结焉，而家不衰败者。

※ 译文

从来没有因家庭气氛和睦而家道不昌盛的；从来没有因家庭暴戾之气聚集而使家道不衰败的。

※ 评注

父慈子孝，兄友弟恭，夫义妇顺，能够拥有如此和气的家庭是最难的。先哲云：来到某人家中，如听到老人的感慨声、子弟的骄纵声、妇女的诟谇声、幼子的娇宠声、奴仆的哗笑声、婢媪的惨切声，但主人却昏昏沉沉，显得兴奋不已，就像梦中呓语一般，这样的家庭必定不能保持兴旺。有的家庭狭窄简陋，但光洁可爱；供具粗浅，但朴素可观。主人举止厚道，子弟彬彬有礼，桌案摆放好书，屋内有纺织之声，夙兴夜寐，不失常态，蔬食菜羹，各有来源。虽然此时门寒族薄，但兴盛之时可翘首以待了。

人观庭户知勤惰，一出茶汤便见妻。父老奔驰无孝子，要知贤母看儿衣。走进他人家中，从以上几个侧面便可反映出庭中之事。

闺门之内，不出戏言，则刑于之化行矣；
房帷之中，不闻戏笑，则相敬之风著矣。

※ 译文

在家门之内不说轻薄之话，夫妻关系就会和睦；房屋之中听不到调笑，相敬如宾的家风就会随之形成。

※ 评注

十年修得同船渡，百年修得共枕眠。亲情是博大的，友情是真挚的，而夫妻之情是纤细柔腻的，也是回味无穷的。夫唱妇随，共抗磨难，共享幸福，这才是最恩爱的夫妻。如果夫妻间整天怒目而视，找不到共同话语相互倾诉心中苦闷，又怎能执子之手，白头偕老？

人之于嫡室也，宜防其蔽子之过；
人之于继室也，宜防其诬子之过。

※ 译文

对于结发妻子，应防止她庇护纵容子女的过失；对于继室的妻妾，应防止她们诬陷前室子女。

※ 评注

母爱是人世间最伟大的，也正因如此，许多母亲把对儿女的爱变成了溺爱，甚至对子女的过失包庇纵容，从而使他们一步步滑向罪恶的深渊。关爱子女是必需的，但关爱中的教育更是必不可少的，在呵护下让子女健康茁壮地成长，光明正大地做人，才是父母之爱的正确表达。

仆虽能，不可使与内事；
妻虽贤，不可使与外事。

※ 译文

仆人即使再能干，也不能让他参与家庭内部的事；妻子再贤惠，也不能让她参与家中以外的事。

※ 评注

在封建制度下，居家以内外界限谨严为第一。外言不入于阃，内言不出于阃，这就是古代圣贤防微杜渐的地方。仆人虽然才能具备，但终究不是家庭中人，主人对其仍心存几分戒备。封建妇女的任务就是操持家务，她们多是一把持家的好手，但如其过问家外之事，就会被认为不贤不惠。哪怕是国家的嫔妃，也是不能干预政事的。

如仆得罪于我者尚可恕，得罪于人者不可恕；
子孙得罪于人者尚可恕，得罪于天者不可恕。

※ 译文

我的奴仆得罪了我尚且可以宽恕，但要是得罪了外人就不能宽恕了；子孙得罪了外人还可以宽恕，如果违背了天理就不能容忍了。

※ 评注

驾驭仆人就如同行军打仗，法律要严，情意也要恰当。如果家人惹了事端，要酌情处理，对内有错，看在主仆情面上应给予宽容，如是对外有失，应严加管束。对待子女的过失，亲情更为可贵，小的过错可以原谅，如果做出了违背天理的大逆不道之事，也定要严惩不贷。

奴之不祥，莫大于传主人之谤语；
主之不祥，莫大于行仆婢之谮语。

※ 译文

奴仆品德不好，莫过于向别人传扬对主人的诽谤之言；主人的品性不善，没有什么比得上按奴仆的谣言行事了。

※ 评注

家人之间的矛盾，有不少是因为仆人的谣言导致的，他们有的是为了取悦主人，有的是为了个人私利。但是，一些不明事理的妇人竟然还帮腔助势，使家中闹得乌烟瘴气、人心惶惶。更严重的是，一些糊涂主人偏听偏信，宠信有小人之心的奴仆，致使家人不和，相互钩心斗角。奸臣之言都可以蛊惑君王以致弄得个国破家亡的结局，就更不要说恶奴去破坏一个小小的家庭了。

治家，严家乃和；
居乡恕，乡乃睦。
治家忌宽，而尤忌严；
居家忌奢，而尤忌啬。

※ 译文

治家严谨，家庭才能和睦；居家能够宽以待人，乡邻才能和睦。治家忌讳过于宽松，更忌讳过于严厉；持家忌讳过于奢侈，更忌讳过于吝啬。

※ 评注

治家要严，待人要宽。在亲情上，对家人的严厉可以使他们更容易接受，而在非亲非故的关系上，对他人的宽容更容易赢得尊重与支持。治家贵严是根本，但也不能过分严厉，留有回旋的余地，才有峰回路转的时机。持家要以节俭为本，但也不能过于吝啬，吝啬会慢慢将自己的退路堵死，如果走上了绝路就会进退两难。

无正经人交接，其人必是奸邪；
无穷亲友往来，其家必然势利。

※ 译文

没有正经人愿与之交往，这样的人必定是个奸佞之辈；没有贫穷的亲友与之来往，这样的人必定是个势利小人。

※ 评注

所谓的正经人，乃是笃实不欺的君子。但在世俗人的眼里，这样的君子与众人没有什么区别。那些不与正人君子交往的人，与之来往的必定是些庸俗之辈或市井小人。寻常的亲友故人，不可能是些名门望族，不管是贫穷，还是富贵，最好都能以礼相待，且不可有分别之见，有嫌贫爱富的想法。

日光照天，群物皆作，人灵于物，寐而不觉，
是谓天起人不起，必为天神所谴。
如君上临朝，臣下高卧失误，不免罚责；
夜漏三更，群物皆息，人灵于物，烟酒沉溺，
是谓地眠人不眠，必为地祗所诃，
如家主欲睡，仆婢喧闹不休，定遭鞭笞。

※ 译文

阳光普照，万物焕发生机，人为万物之灵，如果睡到天明还不醒，这就是天起人不起，必会遭受上天的谴责，就像国君上早朝，臣子却迟到误事一样，必要受到惩

罚；三更半夜，万物沉寂，如果还沉迷于酒色财气中，这就是地眠人不眠，必要受到土地神的责骂，就像家中的主人要睡觉，但仆人却还吵吵闹闹一般，必会遭到主人的鞭打。

※ 评注

夙兴夜寝，这是自然常理，俾昼作夜，就违背了自然规律。黎明即起，开始一天的辛勤劳作，因为这是最清明的时刻，办起事来也游刃有余。如果酣睡不起，就会昏聩懒惰，致使家事废弛。想了解某人的家道是兴是衰，只要观其家人起卧的早晚就知道了。一些纨绔子弟，沉溺于嗜好欲望之中，每晚在灯红酒绿中度过，等到鸡鸣之时却又入寝了，这种违反天地规律和阴阳循环的行为，必会给自身带来不少危害。

从政类

眼前百姓即儿孙，莫谓百姓可欺，且留下儿孙地步；
堂上一官称父母，漫道一官好做，还尽些父母恩情。

※ 译文

面前的百姓便是你的儿孙，不要认为百姓软弱可欺，而应想到多为自己的儿孙留些阴德；坐在大堂上的官称为父母官，不要以为一个官好当，同时还要做些尽父母的责任与恩情。

※ 评注

州县之官，作孽容易，造福一方百姓也不难，关键要看他们选择哪条路了。为害乡里，祸害百姓，不但自身难保，还会累及子孙。如能为百姓排忧解难，伸张正义，才能造福子孙后代。为官要清正廉洁。

善体黎庶情，此谓民之父母；
广行阴骘事，以能保我子孙。

※ 译文

能体恤百姓的疾苦，这就是百姓的父母官；多做些积德的事，这样才能保全子孙后代。

※ 评注

为官者治理管辖下的一方百姓，应当考虑到家中子孙。如何对待百姓，就要想到终有一天百姓也会反过来对待你的子孙。厚待百姓，百姓必会感恩戴德地回报你的子孙，如果以权势压榨百姓，百姓也会从你的子孙后代身上寻求报复。有因必有果，为官者如能想到怎样对待百姓、百姓就会怎样对待自己的子孙时，从政可能就会更加清廉公正一些吧。

封赠父祖易得也，无使人唾骂父祖难得也；
恩荫子孙易得也，无使我毒害子孙难得也。

※ 译文

父亲、祖父受封赏容易，要不使别人唾骂父亲、祖父就困难了；为子孙积阴德容易，但不毒害子孙却困难。

※ 评注

求得奖赏容易，有的通过光明正大的途径取得，还有的则是通过阴谋诡计获得，但不论哪一种，都避免不了招致一些对立之人的讥讽与咒骂。正直之人遭受狡诈之人的诅咒，狡诈之人又遭受平庸之人的唾弃。一生能够名利双收的人，实在难得。为子孙后代造福不是难事，良田千顷，腰缠万贯，都可以做到。难的是让子孙在享受遗留下的福禄时不沾染好吃懒做等恶习。

洁己方能不失己，爱民所重在亲民。

※ 译文

洁身自好才能不失本色，爱护民众关键在于亲近百姓。

※ 评注

爱护百姓，全在于体恤百姓的苦衷；爱惜民力，全在于节约百姓的钱财，真诚恳切地对待他们，而不是摆出官架子，在百姓面前作威作福。为官者如想爱护百姓，主要从以下三方面做起：平息诉讼、减轻赋役、振兴教育。此外，还要通过勤学提高自身的道德修养，建立赏罚分明的制度。

朝廷立法不可不严；有司行法不可不恕。

※ 译文

朝廷立法不能不严格，官署执法不能没有宽容之心。

※ 评注

“严”“恕”两字，是千古立法的两个极限，偏离了哪一方都会出乱子。偏向了严，就会束缚国民的思想与行动，使氛围显得死气沉沉，没有生气，百姓在高压下生活，总有崩溃的一天。偏向了恕，有些人就会为所欲为，犯错后总想通过各种途径逃脱干系，这样便会使国民散漫，容易产生祸乱，甚至动摇统治的根基。只有把“严”“恕”巧妙地结合起来，适时地侧重，才会使国家长治久安。

严以驭役而宽以恤民，
极于扬善而勇于去奸，
缓于催科而勤于抚字。

※ 译文

对手下的差役要严厉，对百姓要体恤爱护；积极宣扬善行，勇于铲除邪恶；催缴赋税要缓和，安抚百姓要勤快。

※ 评注

为官从政要为民做主，这是对官员的基本要求。但在处理政事的过程中，却出现了不少阳奉阴违的下属，上级官员是公正断案的，但在传达过程中便被一些势利之人动了手脚，或是置之不理，或是欺骗隐瞒。就像顺流而下的千里大堤，在下流出现了一个小小的缺口，便会影响全局的利益。所以，处理政事时对各级官员都要严格要求，某一环节出现疏漏，便会影响整件事情的处理。

刑罚当宽处即宽，草木亦上天生命；
财用可省时便省，丝毫皆下民脂膏。

※ 译文

处以刑罚能宽大的地方就宽大处理，草树也是上天赋予的生命，更何况人呢？财用能节省的就尽量节省，一丝一毫都是民脂民膏。

※ 评注

人最宝贵的是生命，所以在处罚他人时要尽量争取宽大处理，只要对方有改过自新的表现，我们就应该给予其重新做人的机会。

一粥一饭，当思来之不易；半丝半缕，恒念物力维艰。挥霍无度，花天酒地的生活历来被人们所唾弃，所以我们后人应该以简省为荣，以奢靡为耻。现在我们的物质生活条件虽然好多了，但勤俭节约的光荣传统是永远不能丢弃的。否则，又怎对得起为我们提供衣食之需的天下百姓呢？

居家为妇女们爱怜，朋友必多怒色；
做官为衙门人欢喜，百姓定有怨声。

※ 译文

在家中被妇女们爱怜，则朋友大都不高兴；做官只是被衙门中人喜欢，百姓定会有所怨言。

※ 评注

古代官宦之家的妇女多是大门不出、二门不迈的，在不得已的情况下被传问时，多是用小轿抬到衙门前问话，是不能让其出轿被人观看的。如果居官之人被这样的妇女爱怜，别人会深以为耻。为民做主，才会赢得赞誉。如果只是在官场中留有好名，只会奉承上司，笼络下属，必会做出一些徇私舞弊之事，从而侵害百姓的利益。

官不必尊显，期于无负君亲；
道不必博施，要在有裨民物。
禄岂须多，防满则退；
年不待暮，有疾便辞。
天非私富一人，托以众贫者之命；
天非私贵一人，托以众贱者之身。

※ 译文

做官不一定要尊贵显达，要的是不辜负国家父母；不必广施道义，只要对百姓有益就够了。为官不需要福禄太多，够养老了就应及时隐退；不需要等到年老，有病了就应辞官归隐。上天不会只是让一人富有，更多贫穷者的命运衬托着你；上天也不会让一个人显贵，更多贫贱民众的身世衬托着你。

※ 评注

为官不是为了追求显赫的身世与权位，而是以为百姓做更多的贡献为荣；道义不必乱施，关键得有益于人民。有德而富贵的人，会凭借富贵之势造福更多的人；无德而富贵的人，则会凭借富贵之势危害更多的人。

住世一日，要做一日好人；
为官一日，要行一日好事。

※ 译文

在世上活一天就要做一天好人；在朝廷做一天官就要做一件好事。

※ 评注

做好人，性情舒畅，血气和平，梦里清静，有说不尽的妙处。《小窗幽记》中有："人生一日，或闻一善言，见一善行，行一善事，此日方不虚生。"一个人如想积德累功，身居官位是最容易达到的。正所谓顺风之呼，响应自捷，居家行一善事，很可能会使千万人受益。所以，任职朝廷之位者，要时刻想着为民请命，行一善事便等于种下永远的福田，不但子孙后代受益，还可造福一方百姓。

贫贱人栉风沐雨，万苦千辛，
自家血汗自家消受，天之鉴察犹恕；
富贵人衣税食租，担爵受禄，
万民血汗一人消受，天之督责更严。
平日诚以治民，而民信之，则凡有事于民，无不应矣。
平日诚以事天，而天信之，则凡有祷于天，无不应矣。

※ 译文

贫贱之人终日在风雨中奔波，历经千辛万苦，自己食用以血汗钱换来的衣食，上天看了都觉得可恕；而做官的人接受朝廷俸禄，衣食住行都是百姓用血汗钱供养的，因此上天对他们的监督更加严格。平常以诚对待百姓，百姓就会信任他，如果有事有求于百姓，必会鼎力相助。平常以诚对待上天，上天必会信任他，只要有事乞求上天，上天必会满足。

※ 评注

对百姓体恤关爱，就会赢得尊敬与支持，如果遇到祸患，百姓也必会感恩戴德地施以援手。上天之命不可违，只要我们按规律办事，不触怒天威，也必会生活得相安无事，甚至会有幸得到上天的青睐与眷顾。

平民肯种德施惠，便是无位的卿相；
士夫徒贪权希宠，竟成有爵底乞儿。

※ 译文

平民若肯积德施恩，他便是没官位的士大夫丞相；为官者只是一味贪图权位，希望得宠，就会成为有官位的乞丐。

※ 评注

人生的爵位高低，可能在命中已分定，即使强求也难以如愿。与其追求得身心疲惫，不如停下匆忙的脚步另辟蹊径。不属于你的，历经再多的周折也无法得到；属于你的，则是想丢也丢不掉。有的人一生没有走上仕途，但却可以成就丞相之位所做的功业；有的人虽然拥有高官厚禄，但到头来落了个身败名裂、一贫如洗。

无功而食，雀鼠是已；肆害而食，虎狼是已。

※ 译文

对百姓没有功劳，却食用俸禄，这样的为官者就像麻雀、老鼠；肆意残害百姓而食用俸禄，这样的为官者就如残忍的虎狼。

※ 评注

付出与收获是成正比的，多劳多得，少劳少得。贡献与回报也是这样，为官者不能为民做出贡献，却食用着从百姓手中得来的俸禄，就是不劳而获，愧对君王的信任和父母的养育之恩，更愧对自己的良心。更有甚者，一些贪官污吏不但空食俸禄，还变本加厉地搜刮民脂民膏，真可谓禽兽不如。

毋矜清而傲浊，毋慎大而忽小，毋勤始而怠终。

※ 译文

不能孤芳自赏、傲视天下，不能只在大事上谨慎而在小事上疏忽，做事要有始有终，不能半途而废。

※ 评注

清心寡欲，谨慎勤恳，是为官者的根本。不贪图钱财名利，不崇尚酷刑严法，才能做出对百姓有益的事。依仗权势、欺压百姓者，为恶官；见利忘义、唯利是图者，为贪官。还有一些为官者对于一些微不足道的小事放松警惕，或是处理事情缺少耐心，有好的开始，却没有好的结局，这都是自身修养不够导致的。

勤能补拙，俭以养廉。

※ 译文

勤劳能够弥补笨拙，节俭能够培养廉洁的品行。

※ 评注

如果说天才和庸才只有一步之遥的话，那可以说这一步就差在了勤奋上。先天的聪明固然重要，但如果没有后天的学习仍会一事无成；先天的平庸并不可怕，只要后天付出加倍的努力，我们一样可以做得很优秀。上天是不能够成就天才的，但勤奋可以做到。人生中许多成功的机会来源于苦干，即使是笨拙的人，只要不妄自菲薄，不轻言放弃，靠自己的勤奋依然可以有所成就。

居官廉，人以为百姓受福，予以为锡福于子孙者不浅也，
曾见有约己裕民者，后代不昌大耶？
居官浊，人以为百姓受害，予以为贻害于子孙者不浅也，
曾见有瘠众肥家者，历世得久长耶？

※ 译文

身居官位要廉洁，人们都以为百姓造福而高兴，我却认为为子孙后代造福也是

乐事。你可曾见过自己俭约而厚待百姓的官，他的后代有不昌盛的？为官不廉洁，人们只想到百姓会深受其害，但我认为其子孙也会受害不浅。谁见过欺压百姓而厚待自家之人，他的后代能长久的？

※ 评注

一贪生百酷，一酷吏又生百爪牙。有一贪官，手下之人便都会转向邪恶，结果遭殃的只能是老百姓。纵观历史，朝代更迭，大都是由于官员贪污腐化所致，所以给我们后人很深刻的启示，治理国家一定要反对腐败，提倡廉洁，从而树立新风，创造伟业。从我们个人生活来看更是如此，勤俭方可持家，努力进取才能让生活变得更美好。

以林皋安乐懒散心做官，未有不荒怠者；
以在家治生营产心做官，未有不贪鄙者。

※ 译文

以山林隐居的安乐懒散之心来做官，政事没有不被荒废懈怠的；以自家经营的理念去做官，没有不贪婪卑鄙的。

※ 评注

为官当勤政爱民，有归隐之心的人多厌倦世事，想寻求自在逍遥的生活方式，如果让这样的人做官，必会荒废政事。自家经营者的目的就是获取利益，如果为官者把处理政事当作生产经营，必会斤斤计较，一心只想谋利。只有廉洁爱民、勤政为公，不盘剥百姓来谋取利益，才是为民称道的好官。

念念用之君民，则为吉士。
念念用之套数，则为俗吏。
念念用之身家，则为贼臣。

※ 译文

一心只想为君王和百姓尽力的人，就是正直的人。心里只想着循规蹈矩的人，就是一般的庸俗官吏。一心只知为自己着想的官，就是危害百姓的奸臣。

※ 评注

今天的士大夫聚首时，只问我辈奔波忙碌，是为了天下国事呢，还是为了自家妻子呢？时局的治乱，百姓的生死，国家的安危，这几个问题又有多少为官者真正记在心头了呢？当官的越来越多，但世事却越来越苦；当官的越来越富贵，可平民百姓越来越穷困，这又是为什么呢？看到一些为官者相互攀谈时，不问是否尽心尽力为民办事了，不问做了多少兴利除害的事，却动不动就谈及升迁轮转的问题。如果官途走到这个份上，真是让百姓伤心不已呀！

古之从仕者养人，今之从仕者养己。
古之居官也，在下民身上做工夫；
今之居官也，在上官眼底做工夫。

※ 译文

古代为官之人体恤百姓，现代为官之人却只知关心自己。古代为官之人在百姓身上下功夫，现在的为官者则是在上司眼皮底下做功夫。

※ 评注

做官者要将纱帽看得破。做一天官，就要办一天事，决不能够孤僻自负。官位得做便做，不得做便不做，只有来去自如，才会心地坦然，如果有患得患失的想法，甚至通过对上司的阿谀奉承来保位争功，钻刺夤缘，独私垄断，即使一时有所得，也不能长久保持，终将在幻境中覆灭，岂不是自讨苦吃？

在家者不知有官，方能守分；在官者不知有家，方能尽分。
君子当官任职，不计难易，而志在济人，故动辄成功；
小人苟禄营私，只任便安，而意在利己，故动多败事。

※ 译文

在家的人不知道去求官，才能安守本分；做官的人不知道自己有家，才能尽其本分。君子做官不计较事情的难易，志在救济贫困的百姓，所以经学能够取得好的功名；小人多贪图私利，只做容易的事，目的却是求取私利，因此常身败名裂。

※ 评注

无论是持家，还是为官，都要一心一意，只有珍视自己的地位和所从事的事业，忘掉一切私心杂念，才能做好自己的分内事，做个本分人。身居官位，君子为的是济世救人，小人则是为了一己私利，功名的成败自然也就很清晰了。

职业是当然底，每日做他不尽，莫要认作假；
权势是偶然底，有日还他主者，莫要认作真。

※ 译文

职业是一辈子做不完的事，要认真不要做假；权势是偶然的，有朝一日会换成别人的，切不可把权势看得过重。

※ 评注

世上有不少的人把天地间真实的道理当作虚假之事不处理，而把虚无缥缈的事物当作实事来干。主次颠倒，甚至本末倒置，又怎能成就一番事业？功名利禄，权势地位如过眼云烟，生不带来，死不带去。对其追求无可厚非，如果不择手段地无厌索取，必会深受其累，贻害后人。

一切人为恶，犹可言也，惟读书人不可为恶，
读书人为恶，更无教化之人矣。
一切人犯法，犹可言也，惟做官人不可犯法，
做官人犯法，更无禁治之人矣。

※ 译文

任何人做坏事都情有可原，只有读书人不能作恶，否则就没有可以教化百姓的人了。百姓犯法还说得过去，但为官者不能犯法，否则就没有执法治世的人了。

※ 评注

读书人是通情达理之人，是劝世化俗之人，如果他们作恶，世人将会失去教化之人。一些无知的百姓犯法倒情有可原，如果是从政的官员，必会使局势动荡不安，身为执法者却知法犯法，这无异于带头作乱，对这样的官员必须严惩不贷。

士大夫济人利物，宜居其实，
不宜居其名，居其名则德损；
士大夫忧国为民，当有其心，

不当有其语，有其语则毁来。

※ 译文

为官者救世济民，应看重实效，不能只图名声地位，只图名声地位就会损害德行；为官者应为国为民出力，不能到处炫耀，炫耀必会招来诽谤。

※ 评注

名利地位与业绩是两码事，有的官员爱追求显赫的名声与地位，有的官员则埋头苦干，创造了实实在在的业绩。有的官员被业绩冲昏了头脑，忘乎所以，开始不思进取，有的官员在业绩面前谦虚谨慎，将其当作鼓励再接再厉。以上官员谁对谁错，谁是谁非，最有资格评判的就是老百姓了。

以处女之自爱者爱身，
以严父之教子者教士。
执法如山，守身如玉，
爱民如子，去蠹如仇。

※ 译文

自爱如处女守身，教人如严父教子。执法大公无私，洁身自爱，爱民如子，疾恶如仇。

※ 评注

锄奸杜恶，要放他一条生路，切不可把对方逼到绝境上。这就如防川般困难，如果尽绝其流，则堤岸必会溃决。所以，为官治政上的严要有个度，过激或过缓都不能达到理想的效果。

陷一无辜，与操刀杀人者何别？
释一大憝，与纵虎伤人者无殊！

※ 译文

陷害无辜之人，与持刀杀人者又有什么区别？释放一个恶人，与纵虎伤人者又有什么区别？

※ 评注

“憝”是凶恶的意思。作恶之人是平民百姓要铲除的蠹贼，只有他们被铲除了，百姓的生活才能安稳。地方上的首恶，可以交由当地官员治理，还有一些欺诈诬陷良民的恶徒因多在暗中行事，为官者难以抓住其把柄，须明察暗访才能发现端倪，这一点，居官者不可不思其危害呀！

针芒刺手，茨棘伤足，举体痛楚，
刑惨百倍于此，可以喜怒施之乎！
虎豹在前，坑阱在后，百般呼号，
狱犴何异于此，可使无辜坐之乎！

※ 译文

针尖刺手或是荆棘扎足，都会让人全身疼痛，而酷刑又比这残忍了许多，怎能乱施刑罚呢？虎豹掉落陷阱，不停地呼叫，这与人身处囚牢又有何区别，怎能让无辜者坐牢呢？

※ 评注

断案由不得一丝怒意，否则就会滥施酷刑，发怒时要稍停片刻，等到心平气和后再从头开始。人生所受的苦难，以冤屈的牢狱之苦为最，而在牢狱之中又数酷热的六月最难熬。如果判案不仔细分析案情，只凭主观臆断，或是依靠酷刑，就会造成无数屈打成招的冤假错案，这不但灾及其身，还会祸延子孙，历来这样的事可谓屡见不鲜。

官虽至尊，决不可以人之生命，佐己之喜怒；
官虽至卑，决不可以己之名节，佐人之喜怒。

※ 译文

官位就算再高，也不能以别人的生命成全自己的喜怒之情；官位即使再低贱，也不能以自己的名声节操去附和他人的喜怒情绪。

※ 评注

居官的难处，主要不是在于错判了几件案子，而是自己虚心观察不够。如果有一人入狱，惹来的却是多人的痛哭哀号；一人有罪，累及的却是妻儿老小，如此冤案，还自以为断案公正无私，岂不可悲？有的官员甚至因钱财和权势的左右胡乱判案，替势力之人出气，这样官员的子孙没有不遭殃的。这样的事，自古以来历验不爽。

听断之官，成心必不可有；任事之官，成算必不可无。

※ 译文

断案的官吏不能有成见；任事的官吏不能没有成熟的计划。

※ 评注

断案之官要以理判决，绝不能徇私情旧交，甚至依附势力权贵，否则就妄对自己所处的判决之位了。任事官员做事都不能没有主见，而是要果断，否则就容易受他人摆布，错断糊涂案子。

无关紧要之票，概不标判，则吏胥无权；
不相交涉之人，概不往来，则关防自密。

※ 译文

不太重要的政令批文，一律不签发，如此衙役就不会欺上瞒下；公务中不相往来的人，一律不交往，这样就能防备意外，保守机密。

※ 评注

有人向外诉说无稽之谈，以扰乱他人视听，在内泄露机密之语，以显示自己的交友能力；甚至以假当真，哄骗他人来获取个人利益，或是为了争夺显赫的地位，或是为了赢得更大的权势。还有一些人以权术之变与仕官相亲密，以溜须拍马的形式乘机谋求利益。试想一下，如果我们都能保持公正清明，又怎能受到迷惑呢？如果我们都能明察暗访，谁又能蒙蔽我们呢？

无辜牵累难堪，非紧要，只须两造对质，保全多少身家！
疑案转移甚大，无确据，便当末减从宽，休养几人性命。

※ 译文

连累无辜，造成难堪，这并不要紧，只要双方对质，就可保全许多清白之人！疑案辗转难定，没有确凿证据，就应当从宽发落，这才可多保住几个人的性命。

※ 评注

自古以来的仁人断案，都认为不连累他人的裁决是最好的结局。像古代那些抄其全家、灭其九族的刑罚，使多少人蒙受不白之冤，枉送了性命。居官点狱时，还有一些命官只知拘首前案，奉承上司，甚至见死不救，实在让人可憎可恨。

呆子之患，深于浪子，以其终无转智；
昏官之害，甚于贪官，以其狼藉及人。

※ 译文

痴呆的人造成的祸患比浪子还严重，因为他毕竟没法变聪明；昏官的危害比贪官还要厉害，因为他可使生灵涂炭。

※ 评注

昏官与痴呆之人有几分相似之处，不明事理、胡作非为，断案时会不分青红皂白、是非曲直，这样就不只是会导致出现冤假错案了，而且还会扰乱时局，使百姓怨声载道。贪官看重的是钱财名利，但他们并不糊涂，只不过凭借一些卑劣的手段谋取利益，而且他们在为政时始终保持着一条底线，那就是不会逼迫百姓到造反起事的地步。

官肯着意一分，民受十分之惠；
上能吃苦一点，民沾万点之恩。

※ 译文

为官之人肯关心百姓一分，百姓就会得到极大的恩惠；为官之人肯吃一点苦，百姓就会得到无穷的恩惠。

※ 评注

为官者懒惰懈怠，必会祸及百姓，这样的官员比贪官酷吏还可恶。贪官酷吏重在捞取好处，在他们面前穷人没有说话的份，但那些不体察民情的官员遭受的则是万夫所指。亟待解决的案情，他们推诿拖延；百姓遭遇横逆，却无处申冤，即便告官，又迟迟得不到答复，这样为官又怎能得到百姓的拥护与爱戴呢？

礼繁则难行，卒成废阁之书；
法繁则易犯，益甚决裂之罪。

※ 译文

礼节过多就难以实行，最终将成为束之高阁的书本；法律过繁，百姓就容易触犯，比死罪还要厉害。

※ 评价

礼为六艺之一，不可不讲求，更何况中华民族自古以来就是个礼仪之邦。但是，礼节如过繁过杂，就会使人无暇顾及，往往顾此失彼。所以礼节贵在以实用为佳，一些矫揉造作之态，甚至是无伤大雅的琐屑礼节，不必去刻意讲求模仿。制定法律条文也是如此，贵在实用有效，目的是要使法律逐步完善，当严则严，当宽则宽。如果一味地增加条文规定，就会对民众的束缚越来越多，在失去更多自由的情况下必会使民众心生怨愤与不满。

善启迪人心者，当因其所明而渐通之，毋强开其所闭；
善移易风俗者，当因其所易而渐反之，毋强矫其所难。

※ 译文

善于启迪人心的人，应该用循序渐进的方法从他人知晓处因势利导，而不能强迫其接受自己的意见；善于改善风俗的人，应从容易处渐渐引导，且不可用强制手段使其改变自己的风俗习惯。

※ 评注

教育他人，要因材施教，不可千篇一律地采用传统教育方法或固执己见。每个人的天资不同，兴趣和爱好更有差异，根据每个人自身的具体条件去制定相应的施教之法，才会使之学有所成。为官从政，如想改善一方风俗，首先就要以身作则，起到良好的表率作用，这样百姓才会纷纷追随效仿。如果强行改易民风，必会激起民愤，甚至官位不保。

非甚不便于民，且莫妄更；
非大有益于民，则莫轻举。

※ 译文

不是对百姓非常不利的法令，不要轻易更改或废除；不是对百姓非常有益的法令，也不要轻易执行。

※ 评注

身为一方治理官员，必须要根据地方民风习俗来施教治理，体察疏漏之处以防意外之灾，这才是从政施教的根本。认为有利于民，便不惜财力物力地操办，等事成之后才知得不偿失，为民所谋之利远比不上巨大的投入；认为某事对百姓有害，便立即制止废除，后来才知侵害的是更多人的利益，而维护的只是少部分人的权益。可见，为官从政，只有深思熟虑，才能多为百姓办些实事。

为前人者，无干誉矫情，立一切不可常之法，以难后人；
为后人者，无矜能露迹，为一朝即改革之政，以苦前人。

※ 译文

作为前人，不要为了名声而有矫揉造作的举动，制定许多不切实际的法律，使后人难以执行；作为后人，不要骄傲地显示自己的才能，去施行短时间即须改革的法令，让前人苦于无法明白。

※ 评注

古代的开国君王为了巩固自己的统治，在建国初期制定了严刑酷法来统治天下，而不是采取休养生息的缓和政策，结果致使王朝多昙花一现，葬送在其子孙手里。纵观中国封建社会的短命王朝，秦朝、西晋、隋朝的灭亡，都与严酷的刑法有着密不可分的联系。如今的后人在制定法规时更是荒唐，有的官员为了炫耀自己，竟借助推出一些规章制度来显示自己的高明之举，这不但束缚了人们的思想与行动，还辱没了先人的遗志，落了个不肖的恶名。

事在当因，不为后人开无故之端；
事在当革，毋使后人长不救之祸。

※ 译文

事情应当沿袭古法的，不要轻易改变，以免为后人无故开了先河；必须革除的旧制度，应该及时改革，不要给后人增加难以补救的祸患。

※ 评注

新的法令颁布，都是利害相交的，有利也有弊，但不能因为有弊就不立新法，更不可因为有弊端就轻易废除一些存在很久的法律。没有弊端的法令非尧舜不能颁布，所以常人在制定法律时有错误是难免的。颁布法律的目的是为了趋利避害，利多害少就应当继续执行，害多利少，就应当及时废弃。

利在一身勿谋也，利在天下者谋之；
利在一时勿谋也，利在万世者谋之。

※ 译文

如所做之事只对自身有利，就不要去做，只有对天下万民有利的事我们才去谋划；如所做之事只有一时之利，也不要去做，利在千秋万世的我们才去谋划。

※ 评注

自私自利之事少做，利己之事多会损害他人的利益，甚至是大庭广众的利益，这无异于以一己之力与天下为敌，其结果必然以失败告终。一时之利不可图，图之将后患无穷。目光短浅、只重眼前，虽偶有所得，但从长远来看，失去的将会更多。

莫为婴儿之态，而有大人之器。
莫为一身之谋，而有天下之志。
莫为终身之计，而有后世之虑。

※ 译文

不要像小孩子一样，而应有成年人的器量。不要只是为个人谋私利，而应该志在四方。不要只是谋划自己的一生，同时也要考虑子孙后代的利益。

※ 评注

器量恢宏、胸怀博大，是成就大事的必备素质。公正无私、志向高远，是建功立业的德行根基。拥有博爱胸怀，能够造福后人，为天下大计着想，而不是只为一己私利，这便是为官从政者长久保持官位之法。

用三代以前见识，而不失之迂；
就三代以后家数，而不邻于俗。

※ 译文

可以借用三代以前的见识，但不可迂腐守旧；可以借用三代以后的治家之法，但不可落入俗套。

※ 评注

后人认为，此处的“三代”有三种解释：一是夏、商、周。《荀子·王制》中就有：“道不过三代，法不贰后王。”二是祖、父、子三辈人。三是曾祖、祖父、父亲三代长辈。

学习先哲圣贤持家治国之道，不可因循守旧，更不可过于迂腐，只有融会贯通，随时易俗，才能求得一番援古证今、变通官民的新道理来。

大智兴邦，不过集众思；
大愚误国，只为好自用。

※ 译文

有大智慧的人才能够兴国安邦，但也离不开集思广益；愚蠢之人治国必定祸国殃民，原因就是他们易刚愎自用。

※ 评注

愚蠢之人多是顽固不化之人，易于感情用事。就像土匪一样，干什么事都想征服别人，因此，在任何事情上他们都能挑起事端。他们根本就不知道和平相处的好处。如果让他们统治一个国家，那将国无宁日。他们会将政府分成帮派，即使像孩子般温顺的人也会成为他们的敌人。他们做任何事都鬼鬼祟祟，若是成功了，就认为自己善于谋略；一旦别人发现了他们猥琐的行为，他们便恼羞成怒，视别人为敌人。因此他们总是一无所获，因自己的顽固不化招来无数伤害。

吾爵益高，吾志益下。
吾官益大，吾心益小。
吾禄益厚，吾施益博。

※ 译文

官位越高志气就越低，官位越大欲望就越少，俸禄越多施舍就越广泛。

※ 评注

知足常乐是一种难得的生活情趣。过分追逐钱财名利的人，就是因为对所得到的心有不满导致的，所以胸中的欲望之火便无法熄灭，而是熊熊燃烧，甚至最终吞噬了自己。知足之人则是轻松自在地享受生活，他们不会独自受用劳动成果，而是慷慨地拿出来与人分享，此时他们想要的不是钱财，更不是名声，而是对快乐生活的无限追求。

安民者何，无求于民，则民安矣。
察吏者何，无求于吏，则吏察矣。

※ 译文

如何才能使百姓安居乐业呢？不向百姓索取财物，百姓便能享受安乐了。怎样才能监督官吏呢？不对官吏提出太多要求，他们就可以清正廉洁了。

※ 评注

平民百姓的生活要求不算太高，只要给他们活下去的空间他们就不会闹事。可偏偏一些贪官污吏连这最低的条件都不能满足他们，才致使天下大乱。对官员的监督无须耳提面命，更不可过于苛刻，只要让他们按理行事就足够了。这就像施恩于人，施恩太多会让人无法回报，不施恩会落下无情无义的恶名，只有迫切希望得到而又花费不多的礼物才是接受者喜欢的。

不可假公法以报私仇，不可假公法以报私德。
天德只是个无我，王道只是个爱人。

※ 译文

不能以国家法律来报私人的仇怨，也不能以国家法律来报私人恩德。公德在于无私，王道在于爱民。

※ 评注

无论是报仇，还是报恩，都局限在受恩与施恩之间。借他人之手报仇，以国家的财物来报恩，这不但违背了社会公德，更重要的是给他人和自己带来的危害。妄想利用他人，自己坐收渔翁之利，稍有不慎，很可能就会玩火自焚，使自己腹背受敌。

惟有主，则天地万物自我而立；
必无私，斯上下四旁咸得其平。

※ 译文

只要有主见，对待天地万物便会有自己遵循的原则；没有私心，就能公平正直地对待一切事物。

※ 评注

持之以恒地与理智为伍，意气用事或慑于淫威都会导致误入歧途。但是，哪里才能找到刚正不阿而又有主见的人呢？致力于正道的人是屈指可数的。大家口头上都在赞扬这种崇高的品德，但却很少有人身体力行。即便有人能够付诸实践，却很少有人能够一生都遵循此道。在危难的时候，虚伪的人将它抛弃，政客们却阳奉阴违。唯有坚守正直这种品德的人才可以置友谊、权势甚至个人的利益于不顾，所以，正直是一个人最高贵的品质。

治道之要，在知人。君德之要，在体仁。
御臣之要，在推诚。用人之要，在择言。
理财之要，在经制。足用之要，在薄敛。
除寇之要，在安民。

※ 译文

治国的关键在于知人善任，君王的德行关键在于体恤与仁爱，驾驭臣子的关键在于以诚相待，用人的关键在于善于纳谏，理财的关键在于勤俭节约，丰衣足食的关键在于轻徭薄赋，消除盗贼的关键在于使人民安乐。

※ 评注

凡事要抓住重点。许多人只见树木，不见森林，甚至走向相反方向，找错了对象。喋喋不休的谈论成了无用的推理分析，无法抓住事物的核心问题。他们在边缘上徘徊，让自己受累，也让他人受累，却一点也看不到事物的本来面目。不懂得如何整理混乱情绪的人大多是这样的。该放弃的不懂得放弃，结果浪费了时间和精力，而没有更多的时间和精力来处理那些关键问题。

未用兵时，全要虚心用人；
既用兵时，全要实心活人。

※ 译文

战争没有开始时，要虚心地选拔人才；战争发生后，要心存仁慈且不可滥杀无辜。

※ 评注

战争的胜败靠的是将领的指挥和兵丁的勇武，所以战争前一定要选拔好精兵强将，精壮的士兵、有才能的将领，才是取胜的保障。两军交兵，不斩来使。行军打仗也是有原则的，且不可滥杀无辜。秦国名将白起坑杀四十万投降赵军，表面上铲除了强敌，但其残忍无道的本性却使其他六国更加坚定了团结抗秦的决心。

天下不可一日无君，故夷齐非汤武，明臣道也。
不然，则乱臣接踵而难为君；
天下不可一日无民，故孔孟是汤武，明君道也。
不然，则暴君接踵而难为民。

※ 译文

国不可一日无君，所以夷齐等圣贤之士否定商汤和周武，以此来阐明为臣之道。如若不然，乱臣贼子就会接踵而来，使君主为难了；国也不可一日没有百姓，所以孔孟等儒家名流肯定商汤和周武，以阐明为君之道，如若不然，暴君就会不断涌现，使百姓苦不堪言。

※ 评注

为臣之道在于忠心耿耿，虽然在商汤、周武的治世年代也有奸臣出现，但不能凭此就否定盛世的明君贤臣。国以民为本，民以食为天。平民百姓是国家的根本，虽然在商汤和周武统治下的百姓也都经历了不少苦难，但不能凭此就说商汤与周武不是贤德之君。

庙堂之上，以养正气为先；
海宇之内，以养元气为本。

※ 译文

朝廷之上要以保持刚正之气为先；一国之中要以培养人才为根本。

※ 评注

能使贤人君子没有忧郁违心之言的，就是浩然正气；能使黎民百姓没有诽谤怨语的，就是纯正元气。这也是万世帝王得以保天下的关键所在。朝廷中正直之气不失，百姓身上的纯正元气就不会丢。所以说，国家的安危、百姓的生活，完全掌握在朝中君臣手里。

人身之所重者元气，

国家之所重者人才。

※ 译文

人们看重的是保持元气，国家重视的是培养人才。

※ 评注

当今社会，国力的综合竞争归根结底反映在人才竞争之上。人才是社会进步的助推器。不要忘了，科技再发达，也是由人才创造的。这就要求国家要善于发现人才，而后去培养人才，把他们放在各自相应的岗位上为国出力、为民造福，才会推动社会的进步、国家的发展。

惠吉类

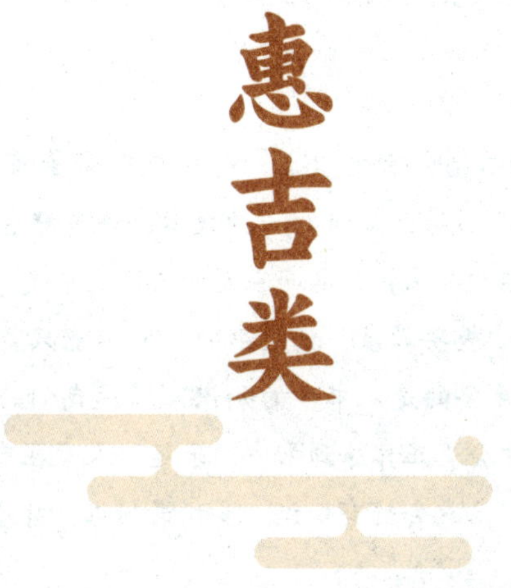

圣人敛福，君子考祥；作德日休，为善最乐。

※ 译文

圣人不追求个人幸福，君子还想着成就吉祥。施恩积德之人，每天生活得坦荡安然，做好事的人心情最快乐。

※ 评注

善有所扬，恶有所弃。小善胜于大恶。如果有了疑问，最好去结交那些聪慧谨慎之人，珍惜和他们在一起的时间，他们总有一天是要离开你的。所以，人首先要学会与人为善。有了善行，就易得到众人的拥护。地位和权力越大的人，与其他人相比越易于行善。有的人坚持“凡事不求人”，这并不是因为他嫌麻烦，而是因为这种人脾气古怪乖戾。这样的人在做事时总是不遵守与人相处的规则，做起事来先考虑自己，因此也就难以行善了。

开卷有益，作善降祥。

※ 译文

读书使人受益无穷，行善上天就会赐予吉祥。

※ 评注

万般皆下品，唯有读书高。有史以来，是知识改变了我们的命运，让我们的人生变得幸福而有意义。而书籍是知识的一种载体，许多智者将自己的智慧融入书中，让无数人解读，得以启迪和省悟，从而在无知与匮乏中走出来。

书本是我们获取知识的重要源泉，但读书的目的不能只是为了获取知识，以求在未来的生活中应用，更重要的是以书中的知识来培养我们的道德和品行，达到修身养性的效果，这样我们才会真正体味到书中的乐趣。人贵在有活到老，学到老的精神。如果一个人越能求知，他就会越有知识。多积累知识，就足以丰富你的生命。

崇德效山，藏器学海。
群居守口，独坐防心。

※ 译文

要像高山一样拥有高尚的德行，要像大海一样拥有宽广的胸怀。与他人在一起时要谨慎言行，自己独处时要防止胡思乱想。

※ 评注

与敌手谈话，要谨慎；与其他人谈话，要保持自己的尊严。说出去的话，泼出去的水，想收回是不可能的。说话和立遗嘱是同样的道理，说得越少，分歧越少。在小事上注意谈吐，遇到大事时才能够应付自如。秘密是神圣的，嘴快的人泄漏的机密越多。

知足常乐，能忍自安。

※ 译文

易于满足的人便能够时常感到快乐，能够忍受寂寞的人才会安宁平和。

※ 评注

要高度警惕偶然事件。突发性事件容易使人丢掉谨慎和理智，而无法保持平衡，这正是人有可能栽跟头的地方。那么，该如何应对愤怒与鲁莽呢？最根本的方法就是控制自己，学会忍耐，特别是控制自己的冲动和冒失。控制自己就像驾驭烈马一样，如果你能在马背上表现得睿智，那么，你就会聪明地处世。能够预见危险的人懂得摸索着前进。冲动之下的言语对不假思索的人来说或许是微不足道的，但听者会从心里衡量它的分量。

穷达有命，吉凶见人。

※ 译文

一个人是穷困还是显达，或许是由命运决定的，但吉凶祸福却是由个人造就的。

※ 评注

自立是一个人安身立世的基础，只有把命运把握在自己手中，我们才会做出一番事业来。有些人总是埋怨生不逢时，没有机会，其实这是弱者的推托之词罢了。条条大道通罗马，只要我们坚定不移地朝着目标努力，就一定会实现自己的理想。但做事最主要的还是要靠自己的力量，而不是光想着依赖他人的帮助，因为有些事是别人无法代替的，所以我们要养成自力更生的好习惯。人生这场戏的主角就是我们自己，有什么不懂的地方可以向人请教，但绝对不能找人代唱，生活不是拍戏，我们要脚踏实地去走。

以镜自照见形容，以心自照见吉凶。

※ 译文

自己照镜子便可知晓自己的外表，用心反思便可预知吉凶祸福。

※ 评注

照镜子可以规整自己的外表衣冠，用心反省言行可以明白自己的得失，预测吉凶。每一种才能都有与之相对应的缺点，如果你屈服于这样的缺点，它将会像暴君一样统治你。制服这一暴君的方法就是小心谨慎，要认准缺点的类型，然后，像那些因你的缺点而责备你的人那样注意它。只有学会自省才能够成为自己的主人，一旦征服了主要缺点，其他的缺点也将会一一被擒。

善为至宝，一生用之不尽。
心作良田，百世耕之有余。
世事让三分，天空地阔。
心田培一点，子种孙收。

※ 译文

善良是最宝贵的品质，一生都受用不尽。如以善心耕田种地，可使百代子孙享受不尽。做任何事都应理让三分，这样才会使天地更宽广。在心田上培植一点此心，儿孙就会受益无穷。

※ 评注

过去的时光一去不复返，明智的人会努力适应现实而注意时刻调整自己，无论是思想还是外表都要常变常新。这一法则放之四海而皆准，惟有“善”字除外，因为行善之事要贯穿人生始终。讲真话、守诺言都是看似陈旧的东西。善良似乎也只属于过去，但善良的人却常常受人爱戴。这样的人寥寥无几，因此人们多半不仿效他们。恶意盛行，善行难觅的时代是何等可悲的时代！明智之人只尽力自保，虽然他们的心愿在那样的年代里是难以实现的，但他们的善行却永远闪烁着光芒。

要好儿孙，须方寸中放宽一步；
欲成家业，宜凡事上吃亏三分。

※ 译文

要想有贤孝的子孙，做事时就需要宽宏大量；要想成家立业，凡事都要吃得起亏。

※ 评注

有时候吃小亏可以让我们占大便宜。目光远大者能吃小亏，有勇气的人敢于吃小亏，有智慧的人懂得吃小亏。凡是吃小亏之人，都善于把握他人心理弱点的变化，而使自己的企图深藏不露，在别人都力图表现更精明的时候，这样的人却反其道而行之，往往能达到自己预期的目的，但愿我们也能做个善于吃亏的“傻子”。

留福与儿孙，岂必尽黄金白镪；
积德为产业，由来皆美宅良田。

※ 译文

给儿孙多留些福泽，不一定尽是些黄金白银。以积德行善为产业，必能给子孙后代带来良田美宅。

※ 评注

愚蠢和堕落这两件事会让生命过早地走向终结。有些人丧生是因为不知道如何去挽救生命；另外一些人丧生则是因为不愿意去挽救生命，正如美德是美德的回报，邪恶是邪恶的惩罚一样。一生都在邪恶中度过的人，生命必然短暂；而行善的人则能够永远活着，并且给后人带来永生的幸福。精神是肉体的延续，而完美生活的艺术就在行善，使生命有所在、有所续。

存一点天理心，不必责效于后，子孙赖之；
说几句阴骘语，纵未尽施于人，鬼神鉴之。

※ 译文

心存一点天理良心，不必马上要求子孙纷纷效仿，到时子孙自会靠其谋求福分。说几句积阴德的话，就算没有完全施恩于他人，上天自会知道。

※ 评注

有些人脾气急躁而野蛮，甚至把一件小事视为滔天大罪而不肯饶恕他人。这些人认为凡是自己做得对的，便总想尽快地推行。他们对别人过于苛求，总是把原本芝麻大小的事说得比西瓜还要大，并以此来否定一切。他们就像不通情理的监工，天堂在他们眼中也只是牢房。

非读书，不能入圣贤之域；
非积德，不能生聪慧之儿。

※ 译文

除了读书，是不能达到圣贤境地的；不肯积德，是不能生养聪明儿女的。

※ 评注

“玉不琢不成器，人不学不知道。”只有读书，才能获得知识，才能明白事理，才能发挥自己的才干为国效力。不管家境如何困难，我们都不要忘记以书籍充实自己的生活，更不能剥夺孩子受教育的权利。现在国家倡导的义务教育就是为了提高国民素质，它是增强综合国力的重要举措之一，所以我们要大力支持。再苦也不能苦孩子，再穷也不能穷教育。

多积阴德，诸福自至，是取决于天。

尽力农事，加倍收成，是取决于地。

善教子孙，后嗣昌大，是取决于人。

事事培元气，其人必寿；念念存本心，其后必昌。

※ 译文

多做善事，福分便会自动降临，这一切取决于上天。努力耕种，就会有更多收获，这一切取决于天地。教导子孙后代做善事，便能光宗耀祖，这一切取决于人。凡事都能够培养元气，这样的人必能长寿；心思能够以善为本，后代便能兴旺发达。

※ 评注

谋事在人，成事在天；种植在民，收获靠地。天地我们无法左右，但教导子孙如何为人处事，要靠父母。行善为立身持家之本，虽然善行并不一定都能得到回报，但却使我们心底坦然，得到更多人的信任与尊重。因此，教导子孙代代行善，就能使他们在未来的社会中站稳脚跟，使家道长盛不衰。

勿为一念可欺也，须知有天地鬼神之鉴察。

勿谓一言可轻也，须知有前后左右之窃听。

勿谓一事可忽也，须知有身家性命之关系。

勿谓一时可逞也，须知有子孙祸福之报应。

※ 译文

不要有一丝欺人的想法，要知道天地鬼神能明察一切。不要有一句轻狂之言，要知道左右之人会听到。不要疏忽了小事，要知道一些小事也会关系到自身性命。不要逞一时之快，要知道子孙后代会遭到祸福报应。

※ 评注

明智的人在夏天的时候就储备过冬的物资，而且也更容易一些。运气好的时候，获得他人恩惠的代价较小，身边的朋友也多。未雨绸缪总不是坏事；身陷逆境时一切事做起来就会相对顺境时困难。让一些真正对你有帮助的人在你身边，有一天你会发现，现在看上去不是很重要的人其实很有价值。卑鄙小人在走运时没有朋友，背运时也没有朋友，因为他从不承认别人是他的朋友。所以我们要时时防患于未然，对任何事都不可粗心大意。

人心一念之邪，而鬼在其中焉，因而欺侮之，播弄之，
昼见于形像，夜见于梦魂，必酿其祸而后已。
故邪心即是鬼，鬼与鬼相应，又何怪乎！
人心一念之正，而神在其中焉，因而鉴察之，呵护之，
上至于父母，下至于儿孙，必致其福而后已。
故正心即是神，神与神相亲，又何疑焉！

※ 译文

人心中如有一丝邪念，鬼怪就会在心中产生，去欺侮你、打扰你，使你白天精神恍惚，晚上噩梦不断，直到酿成祸端后才会停止。所以邪恶之心就是鬼，鬼和鬼相呼应又有什么好奇怪的呢？人心中如有刚正之气，心中就会有神明产生，有了神的体察和保护，上到父母，下到子孙，也都会受到神的恩赐。所以说心中有刚正之气就是神，神与神相亲又有什么可怀疑的呢？

※ 评注

人们不再留恋良好的品行，知恩图报的事也鲜有发生，礼尚往来也变得罕见了。普天之下，最大的帮助只得到最小的报答。在某些人眼里，善待别人是一件很奢侈的事。人们担心别人背信、多变和欺骗。人们不是为了模仿才去留意别人的不良行为，这样做只是为了保护自己不受到伤害。人们会担心自己的正直在别人眼中不名一文。但高尚的人不会因为别人的想法或行为而改变自己的正直，因为他们始终认为，光明正大是为人的美好品德之一。

终日说善言，不如做了一件；
终身行善事，须防错了一件。
物力艰难，要知吃饭穿衣，谈何容易；
光阴迅速，即使读书行善，能有几多？

※ 译文

每天只知说好听的话，不如做一件善事；做了一辈子善事，要时刻防备着做错一件事。人力、物力都十分艰难，所以吃饭、穿衣便成了困难之事。时光飞逝，即使读书、行善，又能起到什么作用呢？

※ 评注

说话得体显示完美的头脑；做事得体显示完美的心灵。二者皆源于拥有卓越的精神。语言和行为形影不离，语言为雌，而行动为雄。让他人称赞自己远胜于自己称赞他人；许多事都是说起来容易做起来难。行为是生命的本质，箴言是用来装饰行为的。行为能够延续长久，语言却会迅速消亡。行为是慎思的成果，语言是智慧的表现。

只字必惜，贵之根也；粒米必珍，富之源也；
片言必谨，福之基也；微命必护，寿之本也。

※ 译文

爱惜书本，是显达的根本；珍惜粒米，是富贵的源泉；说话小心谨慎，这就是获得荣华富贵的根基；爱护小人生命，这便是长寿的本源。

※ 评注

书山有路勤为径，只有经常到“书山”中游览观赏，才能获得浩瀚如海的知识，才能丰富我们的精神生活，古代圣贤之士多以读书为乐，因为书是人生活的重要组成部分，是推动人全面发展的必要条件。书籍是我们的精神食粮，生活中没有它，就好像失去了光明；智慧中没有它，就好像失去了动力。快乐与幸福本是一种心灵的感受，但书却可以将我们成功地引入这种高尚的心灵境界。

作践五谷，非有奇祸，必有其穷；
爱惜只字，不但显荣，亦当延寿。

※ 译文

浪费粮食，即便没有突如其来的灾祸，也会极端贫困；爱惜书本，不但能荣华富贵，还能益寿延年。

※ 评注

人的衣食都有一定的限数，并非取之不尽、用之不竭的，这就要求我们要力行勤俭节约，不可奢侈浪费，这既是陶冶情操之本，也是治家富国之道。如果奢侈放纵、德行败坏，最终也只能落得个家境破落、一贫如洗的结局。

茹素，非圣人教也；好生，非上天意也。

※ 译文

吃素的习惯不是圣人所教导的，爱惜生命则是上天的本意。

※ 评注

宇宙万物的兴衰变化和流传更替，都是真如法身的自然流露，我们应该用清静平常、无我无相的心去感受、领悟这一切。年年生机依旧盎然，万物都尽情地勃发着，仿佛明白自己只有这一次生命，不可有一丝一毫的浪费。草木尚且如此，何况人呢？只要我们懂得珍惜，生活就可以引导我们成就最好的生命。

仁厚刻薄，是修短关。
谦卑骄满，是祸福关。
勤俭奢惰，是贫富关。
保养纵欲，是人鬼关。

※ 译文

仁厚或刻薄，关系到人寿命的长短。谦虚或骄傲，关系到人的祸福。勤俭或懒惰，关系到生活的贫穷与富贵。保养和纵欲，关系到人的生死。

※ 评注

对人要仁厚，不要轻易动怒，否则就会使自己和他人都处于尴尬境地。有些人总是濒于愚蠢的边缘，使自己和别人都很难保持尊严。这样的人很容易见到，而且不容易相处。他们即使一天之中惹了一百个麻烦，也不嫌多。他们总是因为各种各样的事生气，而他们反驳了多少人，就有多少人对他们不满。这不但让他人心生厌恶，更让自己心力交瘁。

勤奋可以让一切不可能发生的事变成可能。危急关头不需要思考，只要行动就可以了。

造物所忌，曰刻曰巧；万类相感，以诚以忠。
做人无成心，便带福气；做事有结果，亦是寿征。

※ 译文

上天忌讳的是刻薄与取巧；使万物相互感应，要靠坦诚和忠心。做人没有成见和偏私便会带来福气；做事有始有终便是长寿的征兆。

※ 评注

在拜访命运之门时，前门快乐，后门必然悲哀；前门悲哀，后门必然快乐。所以凡事须倍加小心谨慎其结局。完满的结局胜过满堂华彩的开场。开头很红火的人并不一定是幸运儿，他们的收场往往让人悲哀。你到场时大家鼓掌欢迎并不重要，这是很常见的事；重要的是在你走后，人们仍对你念念不忘。若你走后人们还希望你再次光临，那才是你过人的本事。好运不会永远都陪伴着你。你来时，好运对你笑脸相迎，你去时，好运对你冷若冰霜。

执拗者福轻，而圆通之人其福必厚；
急躁者寿夭，而宽宏之士其寿必长。

※ 译文

固执的人福分轻薄，而处事圆融的人福分就会多一些；急躁冒进的人容易夭折，而胸怀宽广的人就会长寿。

※ 评注

愚蠢的人都很固执，固执的人都是愚蠢的人。这样的人会坚持自己错误的观点。其实，即便你真是正确的，也不妨做一些让步：你的正确是无法掩盖的，人们最终会承认你，并且会称赞你的大度。你因为固执而使自己蒙受的损失要比你击败他人所受的损失大得多。更可悲的是，固执之人多气性偏执，极易发怒，这不但会惹下祸端，还会危害身心乃至性命。明慎之人行事必小心翼翼，做事都有所防备，他们总是三思而后行，以确保平安无事。虽然命运之神有时会特加恩赦，但明慎之人知道鲁莽急躁必会导致失败。

谦卦六爻皆吉，恕字终身可行。

※ 译文

谦卦六爻都是吉祥的卦象，而宽恕可受用终身。

※ 评注

明慎的人总是善于自我控制。由此可以显现出来，真正的人格和真正的心性修养，这是因为襟怀大度的人不会轻易受情绪左右。激情使人动摇不定，稍稍放纵，我们的判断力就会受到很大的影响。口舌相传，你的声誉必然会受到影响。你要完全把握住你自己，在事情一帆风顺或波涛汹涌之时都不会有人批评你过于激动，人人都会佩服你优越非凡。

作本色人，说根心话，干近情事。

※ 译文

做有真性情的人，说真心话，干合乎情理的事。

※ 评注

认真做事，本分做人，这是为人处事的底线，虽然这并不一定保证你有多大作为，但绝对可以保证你不会失败。诚实善良是人类最高尚的品质，虽然有时候我们会为此吃些亏，但收获却更丰厚，只要坚持下去，定有意想不到的回报。有理走遍天下，无理寸步难行。行事光明磊落，便会无愧他人和自己的天地良心，从而享受真我的生活。

一点慈爱，不但是积德种子，亦是积福根苗，
试看哪有不慈爱的圣贤；
一念容忍，不但是无量德器，亦是无量福田，
试看哪有不容忍的君子。

※ 译文

有一丝慈爱之心，这不但是积累德行的种子，也是积累福分的萌芽，看看哪有不慈爱的圣贤？有一点容忍的念头，不但是品德气度无量，也有数不尽的福泽，看看哪有不宽宏大度的君子？

※ 评注

迁就朋友、家人、相识的人的缺点和习惯丑陋的面孔是一样的道理。当我们有求于人的时候，不妨迁就一下。但是，有些品性低劣的人，尽管很难与之相处，却又要天天和他们见面，所以我们必须巧妙地与之周旋。就像见惯了丑陋的人，看得多了便不觉得有什么了。起初，觉得他们很可怕，渐渐地，就不再像先前那样可怕了。我们要小心他们，最大限度地容忍他们令人不快的地方。能容天下之事，便可享尽天下福分。

好恶之念，萌于夜气，息之于静也；
恻隐之心，发于乍见，感之于动也。

※ 译文

人的善恶念头，多在夜深人静时产生，在心平气和中止息；怜悯之心，多在一瞬间萌发，从而使人有所感动。

※ 评注

善恶在一瞬间便可相互转变，关键在于选择和坚持。选择对了，并不一定就能步步走对，如没有持久恒心，就可能会半途而废。选择错了，可能会错上加错，如能及时省悟，就可能会弃恶从善，转危为安。

装塑栖神，盍归奉亲；
造院居僧，盍注救贫。

※ 译文

塑造佛像，供奉神灵，不如去侍奉双亲；修建庙宇，施舍僧俗，不如去救济贫困。

※ 评注

世间第一好事，莫如救难怜贫。在家只知参神拜佛，好似在行善积德，但在实际行动上竟连双亲也不顾，这岂不是舍本逐末？把钱财耗费在宏伟的建筑之上，而百姓的生活却得不到一点改善，这表面的奢侈建筑又有何用呢？难道只是为了供人观赏吗？

费千金而结纳势豪，孰若倾半瓢之粟，以济饥饿；
构千楹而招徕宾客，何如葺数椽之屋，以庇孤寒。
悯济人穷，虽分文升合，亦是福田；
乐与人善，即只字片语，皆为良药。

※ 译文

与其耗费诸多金钱结交权贵，不如贡献半瓢粮食去救济饥饿的穷人；与其花费大量钱财建筑房屋，不如修几间茅屋收容孤苦寒冷的人。救济穷人，即使一点点也是福田；乐于助人，就算只言片语，也是上等良药。

※ 评注

蠢人和聪明的人所做的事情是一样的，不同的是做这件事花费的时间。聪明人会选择一个恰当的时间来做这件事，而愚蠢的人则不会做出这样的选择。如果一开始你的智力就被倒转过来，那么，其他的事你也会倒过来做：本该放在头上的却踩在脚下；分不清左右手。聪明人会分清先后和主次，哪些应该先做，哪些应该后做，哪些值得去做，哪些不值得去做，一切都了然于心，便能多做些有益的事，少做些费力不讨好的事。

谋占田园，决生败子；尊崇师傅，定产贤郎。

※ 译文

一心想着占领他人的田园，定要产生败家之子；如能尊敬崇拜老师，必会有贤良子孙到来。

※ 评注

先辈有诗云：一派青山景色幽，前人田土后人收。后人收得休欢喜，还有收人在后头。创业容易守业难，为后代置办田产财物，要看得长远一些。如果只知为子孙积累财富，却不教他们勤俭持家之道，这样的人并不是甘愿为子孙做牛做马的父母，实际上是毒害子孙的蛇蝎呀！

平居寡欲养身，临大节则达生委命；
治家量入为出，干好事则仗义轻财。

※ 译文

平日清心寡欲，修身养性，面临大是大非时则坦然相向；勤俭持家，平时生活量入为出，做好事时则重义轻利。

※ 评注

世人都把身家性命看得很重，不管当死不当死，定要委曲保全，甚至连天地理义都抛弃了。如果违背了天理，人与禽兽又有何区别呢？就是偷生在世间千百年，也不过是做了千百年的禽兽。所以，做人首先要顾全理义，而后再修持自身性情。

善用力者就力，善用势者就势，
善用智者就智，善用财者就财。

※ 译文

善于用力的人就发挥力量，善于造势的人就去制造声势，善于运用智慧的人就要利用自己的机智，善于管理钱财的人就要创造财富。

※ 评注

要了解自己的特长和天赋，在此基础之上衍生出别的长处。有的人有超强的明辨是非的能力，有的人有勇有谋。能够了解自己的长处和天赋，才能在某一方面获得巨大的成功。大多数人对自己才智的应用都是盲目的，结果只能是一事无成。热情容易使人蒙蔽，等到真相大白之日，却已后悔莫及。

身世多险途，急需寻求安宅；
光阴同过客，切莫汩没主翁。

※ 译文

人生在世，多遇险途，这就需要我们寻求平安的场所；光阴就如匆匆而去的过客，且不可浪费时间让此生沉沦下去。

※ 评注

人的心就如同树木的根、果实的核一样，根拔后树木就会死亡，核蛀后果实就会损坏。在人生之路上，我们要时刻保护自己那颗纯真之心。警戒心是每个人都应具备的，它能让事情进展顺利，也能让我们的心灵在逆境中得以慰藉。如果你对挫折早已有所警戒，那么，当遭遇挫折时，你就会应对自如。

莫忘祖父积阴功，须知文字无权，全凭阴骘；
最怕生平坏心术，毕竟主司有眼，如见心田。

※ 译文

不要忘记祖父先辈留下的阴德，要知道在考场里文字没有力道，靠的全是阴德。人最怕的是有了不正的心术，但有眼力的主考官却能明辨真伪，看清每个人的内心。

※ 评注

若要文章惊世眼，全凭阴骘合天心。文章写得再精妙，话语说得再动听，但落不到实际行动上，也只是徒劳。唯有把善言善语落到实处，才能得到他人的信任，才算是真正的积德行善。虽然这些人善于用花言巧语伪装自己，但总是有破绽的，只要我们认真观察，总能透过现象发现其本质，因为再狡猾的狐狸也逃不过猎人的眼睛。

天下第一种可敬人，忠臣孝子；
天下第一种可怜人，寡妇孤儿。
孝子百世之宗，仁人天下之命。

※ 译文

天下最值得敬爱的人是忠臣孝子；大卜最可怜的人是寡妇孤儿。孝子是百代宗师，而仁人则是天下之本。

※ 评注

百善孝当先，万恶淫为首。孝子与忠臣，都是天地间浩然正气培植而成的，所以连鬼神也呵护关爱他们。孝敬父母是几千年来中华民族的光荣传统，其中包括少有所养、老有所终，父慈子孝的美好道德风尚。恪尽职守，精忠报国，也是我们心底不可缺少的浩然正气，应永生铭记于心，并将之落到实处。

形若正，不求影之直而影自直。
声若平，不求响之和而响自和。
德若崇，不求名之远而名自远。

※ 译文

形貌端正，不必去求影子正而影子自然正。声音平和，不必去求音律和谐而音律自然就会和谐。道德崇高，不必去求名声远播，名声自然就会显扬。

※ 评注

蓬生麻中，不扶自直。事情达到一定的程度，自然就会显其成效。有的人什么都不关心，有的人什么都想关心。事事都关心的人总是高谈阔论。所谓的重大事宜，他们事事认真，争论不休，弄得事事高深莫测。真正值得让他们操心的事没有几件。区区小事整天挂在嘴边，实在是愚蠢至极。怀着超然的心态，顺其自然，许多看似无法解决的事都会迎刃而解；做事若过于认真，可能一些无关痛痒的小事也会带来沉重的负担。

有阴德者，必有阳报；有隐行者，必有昭名。

※ 译文

积累阴德的人，必定有好的回报；暗中做好事的人，必能声名远扬。

※ 评注

施恩比报答显得高贵，及时的帮助会让你的名声锦上添花。主动地帮助别人，会让受助的人心里更加感到自己对你有种义务，这种义务可以转化为感激之情。这是一种微妙的变化，最初，是你在偿还债务；后来，却是你在收债。这只适用于有教养的人，对于那些无赖来说，提前支付的酬金不是鼓励，反而是一种制约。

施必有报者，天地之定理，仁人述之以劝人；
施不望报者，圣贤之盛心，君子存之以济世。

※ 译文

施恩必有回报，这是天地间一成不变的真理，有仁心的人以此劝告他人；施恩不求回报的人，具有圣贤之士的高尚胸怀，君子要以此种胸怀来济世。

※ 评注

天道中的福善祸淫，都是有定数的。行善之人获得福分，但他们最初的目的并非为求福而行善。施淫威的人遭受祸患，这也是他们最初不想看到的。行善却遭受祸患，施淫威却获得了福分，这只是一时的幸运，而天道好还的本性是永远不会改变的。

面前的理路要放得宽，使人无不平之叹；
身后的惠泽要流得远，令人有不匮之思。

※ 译文

面对眼前的事要放得开手脚，不要使人有慨叹不公的怨言；留给后世的恩德要源远流长，不要使人产生无尽的怀念。

※ 评注

做官不要一心想着在位一生，应时刻提防着离去之日的到来。做人不能只是想着长命百岁，而要明白总有离开人世的一天。看透以上两点，便会倍加珍惜自己的官位和生命，便会提醒自己在有生之年应多做几件好事，多给后代积几分阴德。

不可不存时时可死之心，不可不行步步求生之事。
作恶事，须防鬼神知；干好事，莫怕旁人笑。

※ 译文

不能不想到时时会有丧生的可能，不能不时时想到求生之计。为非作歹时要提防鬼神的发现，做好事时不要怕旁人的讥笑。

※ 评注

能够时刻心存死亡之心，就会感到身体很轻松，而道念自然也会十分清醒。做事能够时时想到保全自己的性命，就会远离罪孽之源，使自己一尘不染。能够一心真切地追求善行，还怕他人的耻笑吗？

吾本薄福人，宜行惜福事。
吾本薄德人，宜行积德事。
薄福者必刻薄，刻薄则福愈薄矣。
厚福者必宽厚，宽厚则福益厚矣。

※ 译文

自己如果是薄福之人，就应该珍惜关于福分之事。自己如果是没有德行的人，就应该多做些积德行善的事。薄福的人多尖酸刻薄，越是尖酸刻薄，福分就越浅薄。多福之人必定心胸宽厚，越宽厚，福气就越多。

※ 评注

土薄则易崩，器薄则易坏。酒越醇正越能保藏得久远，布帛越厚，穿的时间就越长。同样的道理，一个人的品德越高尚，他的福气就越厚重。不要忘了，明天的幸福要靠今天来修，切不可被眼前迷人的风花雪月冲昏了头脑。

有工夫读书，谓之福。有力量济人，谓之福。
有济世著述，谓之福。有聪明浑厚之见，谓之福。
无是非到耳，谓之福。无疾病缠身，谓之福。
无尘俗撄心，谓之福。无兵凶荒歉之岁，谓之福。

※ 译文

有时间读书，有力量助人，有著述传世的作品，有聪明浑厚的见识，不听是非之争，没有疾病缠身，没有烦心的俗事打扰身心，没有战争与灾荒，对于一个人来说这都是福分。

※ 评注

身在福中要知福，不要总是怨天尤人，埋怨上天的不公平。上天其实是很公平的，它让城市喧闹，却让乡村安宁；它让名花香飘万里，却让野草百折不挠；它让明月辉映大地，也让繁星点缀天空。天道的变化总是祸福相依的，祸事降临不必惊慌，自救之后得来的便是幸福；得到福分不必得意，如果不知珍惜，灾难便会到来。人生虽然没有一帆风顺，但也不会一辈子在逆境中行走。失意与得意总是交相而来的，有福时要想到居安思危，有祸时要学会摆脱厄运。就像老子所说："祸兮福之所倚，福兮祸之所伏。"不必太在意一时的成败得失，只要我们明白了世事无常的道理，懂得了随缘而定、随遇而安，就能够寻找到生活的快乐所在。

从热闹场中，出几句清冷言语，便扫除无限杀机。
向寒微路上，用一点赤热心肠，自培植许多生意。

※ 译文

在复杂的场合中说几句清淡的话，便能化解无数的矛盾争端。面对贫困的人，付出一份热心肠，便能栽培许多有用的人才。

※ 评注

语言是一门艺术，对什么样的人要说什么样的话。利箭可以刺穿人的身体，恶言恶语却能刺穿人的心灵。口里含着糖块能让人吐气若兰。让别人接受自己的言语需要很高的技巧。摆脱困境不一定需要暴力，有的时候，几句好听的话就能够完成。空洞的言语可以用来对付那些自高自大或不切实际的人。王者的言语具有独特的说服力。用蜜汁来武装你的语言，即使是敌人也喜欢听你的语言。温柔而甜蜜，人见人爱。

入瑶树琼林中皆宝，有谦德仁心者为祥。

※ 译文

进入藏有珍宝的山林中看到的都是财宝，有谦虚的美德、仁义的心肠的人，一生便会吉祥如意。

※ 评注

谦虚并不是要求我们隐藏才华，而是要求我们适时地展示。这需要技巧，要在适当的时候展现自己的才华，时机不成熟时的展现只会徒劳无功。在展示才华的时候不可矫揉造作，那样容易导致自负，而自负则会招致轻视。展示才华时应该谦逊，谦逊则不会粗俗。智者不屑与锋芒毕露的人为伍，应该在漫不经心的状态下展现自己的才华。赢得赞扬的最好途径就是把你的表现行为巧妙地掩饰起来。要慢慢地展现你的才华，逐渐增加机会。步步为营，获得热烈的掌声后再期待更大的成功。

谈经济外，宁谈艺术，可以给用。
谈日用外，宁谈山水，可以息机。
谈心性外，宁谈因果，可以劝善。

※ 译文

除谈论钱财之外，还应时常谈谈艺术，以满足身心的享受。除了日常生活的俗事外，还应谈谈自然界的山水，以平息自己的心机。除谈心性外，还应谈些因果报应，以起到劝世化俗的作用。

※ 评注

钱财是物质上的追求，而音乐之类则是艺术上的追求，身心上的享受，只有物质文明与精神文明并举，才能称得上健康与完美的生活。修身养性，培植内心，不能只知诵经念佛，还应宣扬一些善恶到头终有报的道理，以劝导走上邪路的浪子迷途知返。

艺花可以邀蝶，垒石可以邀云，栽松可以邀风，
植柳可以邀蝉，贮水可以邀萍，筑台可以邀月，
种蕉可以邀雨，藏书可以邀友，积德可以邀天。

※ 译文

养花可以招引蝴蝶，堆石可以聚集云雾，种植松树可以招风，植柳可以招引蝉，贮水可以生出浮萍，建筑亭台可以赏月，种植芭蕉可以遮雨，收藏书籍可以招来朋友，积德可以得到上天宠幸。

※ 评注

是药三分毒，不可乱服。事有好坏之分，应三思而后行。做事就如同用药一样，不要什么事都做，什么药都吃。做事要把握关键，治病要对症下药。如做事不考虑方法和后果，只知一味埋头苦干，可能会在一些无关紧要的环节上付出许多无用的精力，而忽略了一些关键处，这种本末倒置的做法必然难以成事。

作德日休，是谓福地；
居易俟命，是谓洞天。

※ 译文

每天都能够修养德行，这就是走入了福地；顺应天命行事，这就是进入了一处美妙的境地。

※ 评注

做事要顺应天命，切不可逆天而为。一些顽固不化的人往往感情用事，就像土匪一样，干什么事都想征服别人，因此，在任何事情上他们都能挑起事端。他们根本就不知道顺其自然的好处。所以行事的结果也多是一无所获。他们总是为了这样那样的事而烦恼，别人却因此感到高兴。他们的判断力和心灵，都会因为他们的顽固不化

而受到损害，他们得到的也多是苦恼和祸患。

心地上无波涛，随在皆风恬浪静；
性天中有化育，触处见鱼跃鸢飞。

※ 译文

心境平和，所处之地就会风平浪静；天性得到教化，就会随处看见鱼翔浅底、鹰击长空的景象。

※ 评注

自制的人才能够做到胸有成竹，真正的胜利来自于缄默。内心平和、有所节制是明慎处世的关键。别人想要了解你的心思，是企图控制你。这样，即使是那些最精明的人也难免泄露自己的秘密，这时对你的含蓄是一种威胁。在此时你如能保持清醒的头脑，不轻易言语，就能保证自己不受他人的控制，并且使自己掌握主动权。

贫贱忧戚，是我分内事，当动心忍性，
静以俟之，更行一切善，以斡转之；
富贵福泽，是我分外事，当保泰持盈，
慎以守之，更造一切福，以凝承之。

※ 译文

贫贱忧虑是个人的分内事，要有忍耐之心去静待机遇的来临，更应该尽己所能行一切善事，以改变自己的命运；富贵福气不是我们分内的事，应该保守成业，谨慎守护，更要尽己所能去造福，使荣华富贵历久不衰。

※ 评注

贫贱忧虑是个人之事，且不可心生埋怨，把一切归于上天的不公。怪只怪我们庸人自扰，自己没有把握住成功的机会，没有用双手为自己创造幸福。追求钱财富贵并非人生的全部，更不能只为自己造福，为天下大众谋福利，才可保持家道兴亡，经久不衰。

世网那时跳出，但当忍性耐心，
自安义命，即网罗中之安乐窝；

尘务不易尽捐，惟不起炉作灶，
自取纠缠，即火坑中之清凉散也。

※ 译文

人世如网，怎能跳出来？只有能够忍耐，并安于现状，就是生活之网中的安乐窝。尘世间的俗事，哪能都置之不理？只有不另筑炉灶，不自寻烦恼，就是火坑中的清凉剂。

※ 评注

人生在世，要耐得住寂寞与烦恼，切莫孤注一掷，如果失败，那你将从此一蹶不振。如日中天、吉星高照不可能日日伴你左右。因此，要给自己留一个重来的机会，一个弥补错误的机会。初试得手，也能为第二掷开一个好头。凡事要留有日后改进和挽回的余地。各种形势相互依存，一掷见效的事毕竟不是常有的。

热不可除，而热恼可除，秋在清凉台上；
穷不可遣，而穷愁可遣，春生安乐窝中。

※ 译文

无法避免炎热，但可以驱除心头的烦恼之事，清凉的秋意在清凉台上；无法消除贫穷，但可以遣散无穷的忧愁，保持安乐之心才能充满生机。

※ 评注

学会寻找快乐，无事可做时不要独守空房，最好外出走走，看日出日落，花开花谢，听鸟儿歌唱。或是站在喧闹的街市上观赏熙熙攘攘的人群，商贩的叫卖，泥土的气息，这都会给我们带来意想不到的惊喜。所以说，烦恼忧愁并不可怕，可怕的是我们不知采取何种方法来摆脱这窘迫的境地。

富贵贫贱，总难称意，知足即为称意；
山水花竹，无恒主人，得闲便是主人。

※ 译文

无论富贵贫贱，总是让人难以满足的，能够知足便会感到称心如意；自然美景没有永远不变的主人，有闲情逸致观赏的人便是主人。

※ 评注

虽孤身一人却不感到寂寞，相反，还有一种“随缘而定”“随遇而安”的满足感，这就是乐观豁达的高尚境界。世界本来就有太多的不完美，所以我们要学会在不完美中追求完美，在不满足中易于满足，只有这样，我们的心境才会不断升华，变得从容、坦然、快乐，所以“知足常乐”也是我们领悟生活真谛的一个必要方面。

要足何时足，知足便足；求闲不得闲，偷闲即闲。
知足常足，终身不辱；知止常止，终身不耻。

※ 译文

人什么时候才能得到满足呢？能知足便能得到满足。想休闲但没有闲功夫，能忙中偷闲便是闲。知足便可常乐，知进退便能急流勇退，这样便会终身不受耻辱。

※ 评注

大智若愚应该是智者达到一定境界的表现。这样的人表面上吃了不少亏，实际上却得到了更多帮助和快乐。这样的人从不为未来担心，也不丧失自己的品行，他们内心宽阔而使脚下的路也宽阔。他们不在乎自己的形象，却没有忘记关心弱者。他们明白人生何处不休闲，只有自由价最高的道理。他们才是真正的智者，但在我们大多数人眼里，他们却被认定是“愚人”，而把自己当成“圣者”。

急行缓行，前程总有许多路；
逆取顺取，命中只有这般财。

※ 译文

不管走得是快是慢，前方总有那么多路要走；无论是该得的，还是不义之财，命中注定了就有这么多的钱财。

※ 评注

车到山前必有路，船到桥头自然直。天无绝人之路，当我们遇到艰难困境时，可以失望，甚至可以痛哭，但绝对不可以绝望。路还是要走的，生活还得继续，而绝望不但于事无补，还给我们带来更多的痛苦，实在大可不必。钱财乃身外之物，沉浸在铜臭之中必会深受其害。只有取之有道，用之有度，才会求得幸福的生活。

理欲交争，肺腑成为吴越；

物我一体，参商终是兄弟。

※ 译文

公理与私欲论辩争斗，最近的亲戚朋友却成了仇家；外物与自我浑然一体，远隔天涯却都是手足兄弟。

※ 评注

参：星名，二十八宿之一。《吕氏春秋·孟春纪》：“孟春之月，日在营室，昏参中，旦尾中。”高诱注：“参，西方宿。”商：星宿名，二十八宿之心宿，又叫“辰”和“大火”。曹植的《浮萍篇》云：“何意今摧颓，旷若商与参。”

只看重个人私利，就会失去亲人和朋友，致使自己众叛亲离。拥有宽宏大度的胸怀、超然物外的情趣，即使是仇敌也能成为朋友。

以积货财之心积学问，

以求功名之心求道德，

以爱妻子之心爱父母，

以保爵位之心保国家。

※ 译文

用积累钱财的心去求取学问，用博取功名的心去修养品德，用爱抚妻儿的心去孝敬父母，用保求官位的心去保卫国家。

※ 评注

思想精微，行为明慎。心灵空明则心旷神怡，拥有这样的心态永远不会感觉到紧张，讨厌之事必然消失，只剩生气与活力。有些人深思熟虑却事事出错；另有一些人毫无远见，却样样都干得顺手。有的人容易在逆境中有所作为，困难越大，他反而更能迎难而上。他们都是怪才，其成功好像是自然天成似的，有所顾虑，反而阻碍重重。当时想不到，以后也绝对想不到。敏捷的人总是能赢得别人的赏识，这其中包含一种天资非凡的东西：能够用心找到解决问题的关键环节。

移作无益之费以作有益，则事举；

移乐宴乐之时以乐讲习，则智长；

移信邪道之意以信圣贤，则道明；
移好财色之心以好仁义，则德立；
移计利害之私以计是非，则义精；
移养小人之禄以养君子，则国治；
移输和戎之赀以输军国，则兵足；
移保身家之念以保百姓，则民安。

※ 译文

把浪费的钱财用在有益之事上，便能成就一番事业；把从饮宴上得到的乐趣用在追求学问上，便能增长自己的智慧；用信奉歪理邪说的热诚来尊崇圣贤，便能使自己的行为更加清明；用追求金钱女色的心去行仁义之举，便能树立好的德行；把计较利害的私心改为明辨是非，就能明确义理；用供养小人的俸禄来培养君子，国家就能够得以治理；把献纳给异族求和的资财用在充实国防上，就会使军队兵精粮足；把保护自己身家性命的思想用在保护人民上，百姓的生活就会更加安定祥和。

※ 评注

择业有术。成败之事有赖于他人是否感到满意。赞美可以辅助完美，如同花朵需要春风的抚慰一样。有的职业人见人爱，有的职业尽管非常重要，却往往不被人重视。前者人人喜欢；后者却比较罕见，而且需要更深的造诣才可完成。深山中的珍果虽然珍贵，却难以为人所知。声名远扬的君王是那些获得胜利的君王。普天称颂阿拉贡诸王，是因为他们是战场上的征服者，是生活中的领导者。享有盛名的职业最能成就伟人，那些职业人人可见，如果他能赢得大家的赞扬，他必能获得不朽的声誉。

做大官底，是一样家数。
做好人底，是一样家数。

※ 译文

做大官有做大官的规矩，做好人有做好人的信条。

※ 评注

从好人做起，将来才有可能做出大官的事业；做大官而又不失好人的本色，这便是最上乘的家教。人不可能一辈子做官，但却要一辈子为人，所以说做人是做官的基础。如果连人都做不好，又何谈做一个好官呢？

潜居尽可以为善，何必显宦！躬行孝悌，志在圣贤。
纂辑先哲格言，刊刻广布，行见化行一时，
泽流后世，事业之不朽，蔑以加焉；
贫贱尽可以积德。何必富贵！存平等心，行方便事。
效法前人懿行，训俗型方。自然谊敦宗族，
德被乡邻，利济之无穷。孰大于是。

※ 译文

过隐居的生活也可以做善事，这不需要显赫的官位。力行孝顺父母、友爱兄弟，努力向先哲圣贤学习。编纂先贤的嘉言出版流传，教导百姓，恩泽流芳百世，这才是不朽的事业，没有比这更高尚的了。

即使身处贫贱之中，也可积福，没必要等到飞黄腾达的时候。只要内心保持平等待人的原则，做事为人多行方便，效法前人美好德行，去劝世化俗，必能促进宗族和睦相处，德泽也会广布乡里，济世利人永无止境。还有什么比这些事更大的呢?

※ 评注

获得普遍的尊敬是一件很重要的大事，但善心对于一个人来说却更为重要。要想达到这些目的，勤奋刻苦更重于运气。运气只能在事业的开头起作用，成功须靠勤奋刻苦。只要有了名声，就容易获得人们的好感，这是人们一贯的想法，但只靠出众的才华是远远不够的。有善行方有善心。做任何事均需善言和善行。若要别人尊敬自己，自己先要尊敬别人。伟人们总是靠讲礼节来吸引众人。行在前，言趋后；先解甲，后为文，讲德操是文人雅士之间的一种共鸣，且这种德操一直延续，永恒不灭。

一时劝人以言，百世劝人以书。

※ 译文

用言语劝人行善只能一时奏效，而用书籍教育人们则可影响百世。

※ 评注

人在处心积虑做事时，如能时常想到有益于人，坚决不做损人利己的事，便能得到上天的保佑和鬼神的敬服，使福分享之不尽。先哲曾云：流通善书，贻泽最远。人如能著作一些不朽名作，就等于广布无穷的恩德。一句善言，便提醒了一点善心，可能会成就百世善人，这不但会转祸为福，甚至会有起死回生的功效。

静以修身，俭以养福，入则笃行，出则友贤。

※ 译文

清心静气以修养身心为主，节俭以培养品德为主，在家中处事要忠厚老实，外出要结交圣贤名士。

※ 评注

真正的友谊可遇而不可求。我们可以从一个人的朋友来判断一个人的为人：智者和愚者永远难以走到一起。喜欢和某人在一起，并不表示他是自己的知己。有时我们不看中一个人的才华，而是欣赏他的幽默感。怀有动机的友谊有时候也能让自己快乐；而真挚的友谊却有着更丰富的内涵。朋友的见识比多人的祝福更加可贵。所以，择友时要经过周密考察，不能够随意结交。

聪明的朋友能够为你驱散忧愁，可愚蠢的朋友只能让你更加忧愁。此外，总希望朋友升官发财的友谊是不会地久天长的。

读书者不贱，力田者不饥，积德者不倾，择交者不败。

※ 译文

读书之人不会品格低下，辛勤耕耘的人不会挨饿，积德行善的人不会歪曲自己的品格，谨慎交友的人不会失败。

※ 评注

善于交往能创造奇迹，尤其是在选择朋友这一方面。办事迅速的人应和容易犹疑的人结交；同样，其他气质的人应和相反气质的人结交。那么，做事就会不愠不火、恰到好处。自我调节是有着相当的技巧可循的。对立面的交替使宇宙平衡并使之不断运转，从而得以延续。而这种交替在人的性格方面甚至产生了比在自然界中更大的一种和谐。所以，在选择朋友时不妨让自己遵循这一忠告，多交一些知己的朋友。

明镜止水以澄心，
泰山乔岳以立身，
青天白日以应事，
霁月光风以待人。

※ 译文

心地清静光明得像明亮的镜子、平静的水面，人格犹如泰山般崇高，做事必会光明正大，胸怀开阔之人，待人必能以诚相待。

※ 评注

志当存高远。待人接物时，尤其是当谈论到不愉快的事情时，要把握大的方向，不可过于在意繁文缛节。谈话时，无休止的刨根问底是不明智的。彬彬有礼，显现出了你的高贵和宽广的胸怀，是一种超凡脱俗的风度，假装对事情漠不关心是支配别人的诀窍。

省费医贫，弹琴医躁，独卧医淫，随缘医愁，读书医俗。

※ 译文

节约花费可以医治贫困，弹琴可以医治枯燥，独自沉睡可以医治淫乱，一切随缘而定可以医治忧愁，读书则可医治庸俗。

※ 评注

治病的关键是对症下药。治疗贫困的最佳良药是节俭。贫困并不可怕，可怕的是明知贫困还大肆挥霍钱财，这无异于雪上加霜，使处境更艰难。事情不可为就应学会放弃，任其自然发展下去，这未必是个坏主意。如果一味地牵强攀缘，就会使我们心生急躁冒进的情绪，这不但于事无补，还可能会适得其反。

以鲜花视美色，则孽障自消；
以流水听弦歌，则性灵何害？

※ 译文

如能知道美色就像鲜花一样终会凋零败落，不能保持长久，则迷途就会自然消除了；如能把悦耳动听的音乐当作流水的声音，这样便不会影响我们身心的修养了。

※ 评注

鲜花可爱，过目不留；流水可听，过耳不恋。每个人都有各自的爱好和感兴趣的事物。有人喜欢生机勃发的春天，有人喜欢阳光明媚的盛夏，有人喜欢硕果累累的金秋，有人喜欢白雪皑皑的严冬。孩子喜欢热闹，老人喜欢清静；男人易冲动，女人爱唠叨……所有这一切，构成了丰富多彩的世界。但是有不少人沉迷于个人忠爱的事物，把个人的爱好当成了生命的全部。世界本来是五彩缤纷的，这些人偏偏只选择一种色调，于是才感到生活枯燥无味、没有生气。

养德宜操琴，炼智宜弹棋，
遣情宜赋诗，辅气宜酌酒，
解事宜读史，得意宜临书，
静坐宜焚香，醒睡宜嚼茗，
体物宜展画，适境宜按歌，
阅候宜灌花，保形宜课药，
隐心宜调鹤，孤况宜闻蛩，
涉趣宜观鱼，忘机宜饲雀，
幽寻宜藉草，淡味宜掬泉，
独立宜望山，闲吟宜倚楼，
清淡宜剪烛，狂啸宜登台，
逸兴宜投壶，结想宜欹枕，
息缘宜闭户，探景宜携囊，
爽致宜临风，愁怀宜伫月，
倦游宜听雨，玄悟宜对雪，
辟寒宜映日，空累宜看云，
谈道宜访友，福后宜积德。

※ 译文

培植德行应弹琴，锻炼智慧应下棋，发泄情绪应赋诗，维系气氛应当饮酒，了解世事当阅读史书，得意时最好临摹毛笔字帖，静坐时最好焚香祷告，睡醒后最好品一品茶，体验物情最好浏览一番画卷，在舒适的环境里不如轻声歌唱，观察天气不如亲手浇花，保养身体安康应当种药，安心享乐应当逗鹤，孤独寂寞时应当听一听虫鸣，享受乐趣时应当观赏游鱼，想忘掉心机最好饲养雀鸟，探访幽静最好去草丛中，品尝淡味宜掬饮泉水，独自站立时最好眺望远山，闲暇吟诗当倚楼而作，晚间清淡应当点灯，狂啸之声应登上高台而发，有闲情雅志时就应当嬉戏玩耍，想事情时应当卧枕，不想交友就应当闭门不出，观赏美景应当携带食物，欲清爽雅志应当临风，排忧解愁应当伫立月下，游玩归来应当细听雨声，领悟事情的玄机应当对雪，躲避寒冷应当晒太阳，疲倦时应当看飘逸的白云，谈禅论道应当访问朋友，恩泽后代应当行善积德。

※ 评注

以上格言可以说是对本书的一个总结，包括了《格言联璧》所涉及的“诚意”“正心”“格物”“致知”“修身”等多方面的内容。可以说，先哲的聪明智慧和无限期望尽在这联珠妙语之中，只要我们揣摩研读、细心体会，必能驾驭人生的真谛，游刃于生活之中，既能修身齐家，又能报效社会，不失为难得的济世良药，人生指南。这也就是本书为何能在宫廷收藏，而后又流传民间、远播海外，并成为影响深远、读者众多、历久不衰的蒙学读本的原因吧！